RENÉE FISSENEWERT
STEPHANIE SCHMIDT

Konzeptionspraxis

RENÉE FISSENEWERT
STEPHANIE SCHMIDT

Konzeptions-praxis

Eine Einführung für PR- und Kommunikationsfachleute – mit einleuchtenden Betrachtungen über den Gartenzwerg.

F.A.Z.-INSTITUT
FÜR MANAGEMENT-, MARKT- UND MEDIENINFORMATIONEN GMBH

Die Deutsche Bibliothek – CIP-Einheitsaufnahme

Renée Fissenewert / Stephanie Schmidt

Konzeptionspraxis

Eine Einführung für PR- und Kommunikationsfachleute – mit einleuchtenden Betrachtungen über den Gartenzwerg.

F.A.Z.-Institut für Management-,
Markt- und Medieninformationen
Frankfurt am Main: 2002

ISBN 3-934191-59-2

Umschlaggestaltung xplicit Gesellschaft für visuelle Kommunikation, Frankfurt am Main
DTP-Layout Dietmar Ostermann, F.A.Z.-Institut für Management-, Markt- und Medieninformationen GmbH
Druck Ebner Druck, Ulm

„Wer nicht denken will, fliegt raus.“

JOSEPH BEUYS

Inhalt

Vorwort und Dank

Dieses Buch tritt die Nachfolge von „Wie Profis PR-Konzeptionen entwickeln“ an. Wie es dazu kam, ist schnell erzählt. 1995 ging das F.A.Z.-Institut mit der ersten Auflage des „Konzeptionerbuches“ an den Start.[1] Es sollte den längst überfälligen Lückenschluss in der PR-Literatur leisten, eine systematische Konzeptionslehre zu veröffentlichen und hat als Orientierungshilfe von erfahrenen Konzeptionspraktikern beim „PR-Nachwuchs“ eine breite Leserschaft gefunden. Ein Mal haben wir es gründlich überarbeitet und danach immer wieder über eine Generalüberholung nachgedacht. Nicht, weil wir damals Dinge geschrieben hätten, die heute keine Gültigkeit mehr besitzen. Nein. Aber in unserem Berufsfeld, in unserer Branche haben sich mit der Mediengesellschaft und ihrer rasanten technologischen Entwicklung die Ansprüche extrem verändert. Insgesamt hat der Stellenwert von strategischer Kommunikation zugenommen. Integrierte Konzepte, die bis vor ein paar Jahren noch als „kleine Revolution“ gehandelt wurden, erwarten Auftraggeber heute selbstverständlich. Die Isolierung einzelner Kommunikationsdisziplinen wird immer mehr zum Anachronismus.

Wir reden von Kommunikation und meinen damit die gesamte Bandbreite der kommunikativen Mittel und Möglichkeiten, die zur Lösung eines Problems zur Verfügung stehen und beitragen. In diesem Kommunikationsmix hat die PR die Funktion der steuernden und integrierenden Disziplin übernommen. Die Auftragslage der Agenturen erlebte und erlebt deswegen einen Wandel. Es geht den Auftraggebern immer weniger darum, Geld für Werbung auszugeben. Sie sind an der realen Wirkung von Kommunikation interessiert. Sie erwarten von Beratern die Kernkompetenz, mit dem Phänomen Öffentlichkeit umgehen zu können, mit ihrer Prozesshaftigkeit und Komplexität. Diese Kompetenz

1 Klaus Dörrbecker, Renée Fissenewert, Wie Profis PR-Konzeptionen entwickeln. Das Buch zur Konzeptionstechnik, 4. Auflage, Frankfurt am Main (Leseproben und Bestellmöglichkeit im Book-Shop: www.go-for-it.de).

nutzt längst nicht mehr nur die Privatwirtschaft. In zunehmendem Maße gehören auch öffentliche Träger zum Kreis der Auftraggeber.

Damit verändern sich fundamental die Voraussetzungen und das Verständnis, um kommunikative Aufgaben wirkungsvoll zu lösen, marktgerechte Leistungen anzubieten und an die Meinungsmärkte und Öffentlichkeiten anschlussfähig zu bleiben. Es ist unumgänglich, auch Kommunikationstechniken wie die Konzeptionslehre daran anzupassen. Fazit: Unser Buch brauchte frischen Wind.

Zusammen haben wir die Überarbeitung nicht mehr geschafft. Klaus Dörrbecker ist Anfang 2000 gestorben. Ein besonderer Dank gilt ihm, weil es ohne Vorläuferwerk kein Nachfolgewerk gegeben hätte. Die, die ihn kannten werden sich an zwei seiner methodischen Extravaganzen gut erinnern: Die Gemeinde Mörschede, ein komplett erdachter Flecken Erde, der in einem perfekten Mikrokosmos unsere bundesrepublikanische Wirklichkeit und Öffentlichkeit abgebildet hat. Das war gewissermaßen der Quell, aus dem Konzeptaufträge für Seminarteilnehmer sprudelten. Daneben gab es noch die legendäre „Rakete“ – nichts anderes als die sinnbildliche Darstellung des deduktiven Vorgehens im Konzeptionsprozess: Von der noch breit angelegten Faktenlage am Beginn bis zur Strategie „zünden“ wir eine Konzeptstufe nach der anderen.

Wir werden in dem nun vorliegenden neuen Buch an der ein oder anderen Stelle die Rakete noch zitieren. Wir, das ist ein neues Autoren-Team. Stephanie Schmidt und ich sind seit langem Weggefährtinnen in Sachen Konzeption und PR-Beratung. Viele Konzepte haben wir zusammen erarbeitet, Kollegen „on the Job“ und in Seminaren das weitergegeben, was wir selbst von unseren Lehrern, allen voran Rupert Ahrens, gelernt haben. Er war auch der erste kritische Leser dieses Buches. Für seine Anregungen – und nicht nur dafür – unseren sehr herzlichen Dank.

Noch ein Wort zu den verwendeten Begrifflichkeiten. Wir sind nicht so vermessen zu glauben, wir könnten die Endlosdebatte um die eindeutige Klärung von Begriffen mit einem Buch beenden. Wir gehen von dem aus, was wir aus unserem Erfahrungsschatz als marktüblich betrachten dürfen. Für Leserinnen und Leser, denen einzelne Begriffe dennoch vollkommen schleierhaft sind, haben wir als Auswahl ein „Kleines Kommunikationslexikon“ angehängt.

Abbildung 1: Die Dörrbeckersche „Rakete"

Auch wenn wir davon ausgehen können, dass der Großteil unserer Leserschaft weiblich ist, weil der Frauenanteil in der Kommunikationsbranche überdurchschnittlich hoch ist, verzichten wir auf die „-Innen" Form. Das hat einen praktischen und einen strategischen Grund. Praktisch erleichtert es die Lesbarkeit. Strategisch halten wir es für unklug, permanent darauf hinzuweisen, dass auch Frauen Konzepte entwickeln können – schließlich schreiben dieses Buch zwei Frauen. Zu den Stolpersteinen einer polarisierenden Sprache zwischen Männerwirtschaft und Frauenwirtschaft empfehlen wir übrigens die Lektüre von „Zickenlatein – Den Erfolg herbeireden"[2] von Dagmar Gaßdorf. Damit wären wir bei einer weiteren Fußnote angelangt. Aber keine Angst, die wollen wir in unserem Buch zeitgemäß zurückhaltend gebrauchen. Unseren Referenzlesern Claudia Fasse, Reinhold Fuhrberg und Robert Hansen vielen Dank. Einen besonderen Dank an Uschi Dix und Lutz Stützner, die unserem Zwerg Gestalt gegeben haben.

Das Wichtigste zum Schluss: Dieses Buch liefert keine „Konzeptmaske", die man in Zukunft nur noch ausfüllen muss. Aber Klarheit über ein bewährtes, weil systematisches Vorgehen. Ein gutes Konzept ist ein Organismus und kein Legohaus. Besonderen Dank für diesen und andere wertvolle Hinweise an Michael Behrent. Wer nicht denken will, fliegt raus.

Renée Fissenewert und Stephanie Schmidt

Frankfurt und Berlin, im Januar 2002

---

2 Dagmar Gaßdorf, Zickenlatein. Den Erfolg herbeireden, Frankfurt am Main 2001 (Leseproben und Bestellmöglichkeit im Book-Shop: www.go-for-it.de).

Der Gartenzwerg, das einleuchtende Beispiel

Gartenzwerge repräsentieren „... den Frohmut und das Traditionsbewusstsein des Kleingärtners. Sie sind farbige Gefährten in einem heimlichen und heimeligen Mikrokosmos, den sie auch ein bisschen beschützen. Das ist ihre Kernfunktion. Darin macht ihnen keiner etwas vor.“[3]

Soweit ein kleiner Vorgeschmack aus dem Kapitel Positionierung und Botschaften. Was haben der Kleingärtner und seine Freunde dort verloren?

Konzeption ist eine Denk- und Kreativleistung, die einem bewährten Gang folgt. Welche Briefingunterlagen sind wichtig? Wie strukturiert man die Faktenlage? Wie zieht man eine Schlussfolgerung? Was ist ein strategisches Ziel und was ist ein taktisches? Auf solche methodischen Fragen geben wir Antworten, ausführlich und Schritt für Schritt. Aber das allein garantiert noch keine Aha-Effekte.

Der rote Faden

Wir helfen uns deshalb mit einem Beispiel, das seinen roten Faden durch die folgenden Kapitel zieht: einen neuartigen Gartenzwerg und seine Kumpanen. Wie wir erfahren werden, hat die Garten & Schmuck GmbH für ihre Zwergenreihe bereits Geschmacksmusterschutz beantragt, weil sie fest an eine Revolution in ihrem Sortiment glaubt. Das besteht bisher ja schließlich nur aus blumigen Klappstühlen, dunkelbraun gebeizten Jägerzäunen, wasserspeienden Fröschen und frost-

3 siehe Kapitel 6, Positionierung und Botschaften – Warum Gartenzwerge zu Bambis und Zierspringbrunnen gehören

beständigen Vogelhäuschen – nichts für junge Leute. Mark Brand, der neue Produktmanager konnte sich mit dieser verstaubten Palette nun wirklich nicht profilieren. Eine imageträchtige Erfindung musste her, die im Gartenmarkt für Furore sorgt. Etwas, worüber die Leute reden. Seine neuen Zwerge will er möglichst bald in den Vorgärten einer neuen Käufergeneration sehen.

Seine Joker sind auch unsere Joker. Am Produkt selbst können wir nichts mehr ändern, wie das so oft der Fall ist. Wir beschränken uns ausschließlich auf das, was ein Kommunikationskonzept leistet: die Möglichkeiten und die Grenzen der Kommunikation für diesen Fall zu bestimmen.

Natürlich hätte auch ein anderes Beispiel den Joker-Dienst des Zwerges getan. Aber kaum ein anderer hätte so gut die vielen Voraussetzungen erfüllt, die wir erfüllt sehen wollten:

- Gartenzwerge kennt jeder. Leser jeder Branche können sie sich leicht vorstellen. Der Gartenzwerg erfordert kein Spezialwissen. Er ist ein kleiner gemeinsamer Nenner.
- Gartenzwerge sind keine hochkomplexen Wesen wie Automobile, Gesundheitsreformen oder Börsenkurse. Das ermöglicht Vereinfachung und Vereinfachung macht anschaulich.
- Gartenzwerge sind auch deswegen gute Platzhalter, weil sie in der Welt der meisten Menschen gar nicht wirklich vorkommen. Sie lenken uns durch zu viel persönliche Nähe nicht vom eigentlichen Sinn und Zweck dieses Buches ab: Konzeption zu lernen. Sie fördern die Distanz und Konzentration auf das Eigentliche.
- Gartenzwerge sind „Figuren des öffentlichen Lebens". Es gibt sie und sie sind deshalb angreifbar oder veränderbar. Sie können Konkurrenz bekommen oder symbolisch in die Hände von Organisationen geraten, die ihren Ruf schädigen. Zumindest dürfen wir dies annehmen. Damit repräsentieren sie als Beispielgeber eine Fülle von Möglichkeiten. Sie sind nicht nur Produkte, die verkauft werden sollen.
- Gartenzwerge sind Projektionsflächen für ganze Lebenskonzepte. Sie sind Kulturgüter und lassen sich als solche thematisch aufladen.

- Gartenzwerge bleiben. Sie sind keine Trendzwerge, die schnell auf- und wieder abtauchen. Das hilft, um dieses Buch vor Schnelllebigkeit zu schützen.
- Gartenzwerge sind kleine sympathische Wesen, die im Kopf bleiben und dort bei hoffentlich vielen unserer Leser die berühmten Eselsbrücken bauen, die in ganz anderen Fällen noch nützlich sind.
- Gartenzwerge haben Laternen und gehen deshalb mit einleuchtendem Beispiel voran.

Wichtiger Hinweis

Unser Beispiel mit den Gartenzwergen ist fiktiv – ein „hypotetical case" wie Dörrbeckers Städtchen Mörschede. Die zu Grunde liegenden Zahlen beruhen auf Annahmen und Erfahrungswerten. Zahlen an sich sind wichtig, um die Dimensionen zu kennen, in denen sich der Auftrag bewegt. Vereinfachung hat für uns Priorität. Wir wollen nicht ablenken, sondern die Konzentration auf die kommunikativen Herausforderungen fördern.

Wir bitten alle Gartenzwerg-Freunde, -Sammler und -Experten um Nachsicht und unsere Leser um Einsicht. Nicht zum ersten Mal hat damit der Gartenzwerg einen guten Dienst außerhalb des Gartens getan. Danke dafür.

1 Worum es in diesem Buch geht

Wir wollen nicht gleich mit der Tür ins Haus fallen. Bevor wir uns gemeinsam in den Besprechungsraum der Garten & Schmuck GmbH begeben (dort stehen schon die Prototypen der neuen Gartenzwerge demonstrativ auf dem Sideboard), haben wir noch etwas Zeit, um uns auf die Situation einzustellen.

In diesem Kapitel werden wir erst einmal klären, was ein Konzept überhaupt leisten kann. (Was können der neue Produktmanager Mark Brand und seine Kollegen von uns erwarten? Was können wir ihnen bieten?) Wir beschäftigen uns mit Beratung, reflektieren den Unterschied zwischen Konfektion und Haute Couture und geben zum Schluss ein paar Trainings-Tipps. Dann darf der Gartenzwerg ruhig kommen.

1.1 Wer keine kommunikative Aufgabe identifizieren kann, braucht gar nicht erst anzufangen – Über Möglichkeiten und Grenzen von Kommunikation

Kommunikation ist in unserer Informationsgesellschaft zum viel verwendeten, um nicht zu sagen, inflationären Begriff geworden. Kommunikation steht auf den Visitenkarten von Grafikern, PR-Leuten, Pressesprechern, Werbern und Eventspezialisten. Wie können wir uns dem Begriff nähern, ohne zu behaupten, Kommunikation sei eben alles, was mit Sender, Information und Empfänger zu tun hat?[4] Kann man nicht nicht kommunizieren?

Schauen wir uns also zunächst die Gesellschaft, unsere Mediengesellschaft, näher an. Die technischen Entwicklungen der letzten 50 Jahre haben sie verändert. Am Beginn des 21. Jahrhunderts haben wir es mit

---

4 Zum Kommunikationsbegriff siehe u. a. Klaus Merten, Einführung in die Kommunikationswissenschaft. 2 Bände, Münster u. a. 1999/2000 (Leseproben und Bestellmöglichkeit im Book-Shop: www.go-for-it.de).

einer unüberschaubaren Fülle von Öffentlichkeiten, Meinungsmärkten, Medien und kommunikativen Prozessen zu tun. Marktschreier versuchen noch lauter, greller, intimer zu werden, um das allgemeine Stimmengewirr zu übertönen. Unternehmen bemühen sich redlich, in den Medien stattzufinden. Organisationen suchen nach Wegen, wie sie den Kontakt zu Mitarbeitern, Partnern oder Kunden halten können. Wer die eigenen Öffentlichkeiten nicht kennt, kommunikative Prozesse nicht durchschaut und nach ihren Gesetzmäßigkeiten handelt, der hat es schwer, in der Mediengesellschaft zu bestehen. Definieren wir also Kommunikation zunächst als die Fähigkeit, den eigenen Platz in der Gesellschaft und in seinen Märkten zu behaupten und damit den wirtschaftlichen, kulturellen oder sozialen Erfolg abzusichern.

Und wo sind ihre Grenzen? Kommunikation ist kein Ersatz für fehlende Strukturen oder Gesetze. Sie kann weder ordnungspolitische Rahmenbedingungen schaffen noch schlechte Produkte in gute verwandeln oder für sonstige handfeste qualitative und organisatorische Mängel geradestehen. Kommunikation begleitet vielmehr das organisatorische, politische oder unternehmerische Handeln, sie vermittelt und trägt zur Lösung des eigentlichen Problems bei.

Ein gutes Beispiel dafür ist die BSE-Krise. Obwohl über die Medien inszeniert und zum Megathema geworden, in unendlich vielen kleinen Teilöffentlichkeiten diskutiert, ist sie mit Kommunikation nicht zu lösen. Und zwar deshalb, weil es im Kern eigentlich um ein naturwissenschaftlich-medizinisches und um ein ordnungspolitisches Problem geht. Erst wenn die Bundesministerin für Verbraucherschutz, Ernährung und Landwirtschaft eine neue Richtlinie oder Verordnung einführt, die die Krise nachhaltig und nachweisbar bekämpft, und wenn sie dafür zweitens die Zustimmung aller Beteiligten der Lebensmittelkette, vom Landwirt bis zum Verbraucher, erhält, ist die Grundlage für Kommunikation geschaffen. Vorher kann keiner im Ernst behaupten wollen, deutschem Rindfleisch sei ohne weiteres zu vertrauen. Offenbar ist es allerdings eine Kunst, diese Abhängigkeit einzusehen. Denn – Verantwortung hin oder her – es gab, als die BSE-Krise auch nach Deutschland schwappte, noch Plakatflächen, auf denen „Testimonials“ von Rindfleischgerichten schwärmten. Das schadet der Glaubwürdigkeit des Absenders mehr als es ihr nützt.

Eine zentrale Kategorie von Kommunikation ist also Glaubwürdigkeit. Sie entsteht durch Kongruenz von Handeln und Kommunizieren. Der Leser, Konsument, Kunde, Mitarbeiter muss das, was ihm vermittelt wird, auch erleben können.

Ein weiteres anschauliches Beispiel liefert die Gentechnik: Denn für Produkte, die gentechnisch veränderte Zusätze enthalten oder auf Basis gentechnisch veränderter Rohstoffe hergestellt wurden, gibt es bislang keine Kennzeichnungspflicht. Man kann sie nicht von anderen unterscheiden und somit weder bewusst kaufen, noch bewusst nicht kaufen. Solange das so ist, wird es den Nahrungsmittelproduzenten, die Gentechnik einsetzen, schwer gelingen, über Kommunikation die Akzeptanz für ihre Produkte zu steigern. Die Verbraucher bleiben in dieser Frage doch unmündig. Wer keine Wahl hat, ist nicht aufnahmebereit für Informationen und Argumente. Im Gegenteil, Aktionen, in denen Verbrauchern zur Probe „unverdächtige Gencookies" angeboten werden, machen die persönliche Nicht-Erfahrbarkeit von Gentechnik nur noch deutlicher und verstärken damit das Glaubwürdigkeitsproblem, anstatt es zu verringern. Trotzdem gibt es eine kommunikative Aufgabe: Sie bezieht sich auf die Diskussion um die Kennzeichnungspflicht, an der sich alle Hersteller beteiligen sollten.

Der Aktien-Hype am neuen Markt soll unser vorläufig letztes Beispiel sein, um die Grenzen aufzuzeigen. Analysten, Medien, Akteure der Finanz-Community haben lange Zeit die Erwartungshaltung geweckt, dass das Aktiengeschäft risikoärmer, überschaubarer und gewinnträchtiger geworden sei. Es ist ein Klima entstanden, in dem sehr viele Menschen meinten, dass sie an dieser vermeintlich unkompliziertesten Art des Geldverdienens einfach partizipieren können. Die „Volksaktie" ist dafür zum Synonym geworden. Die reale Entwicklung an den Geldmärkten und Börsen aber hat dem aufgebauten Erwartungsdruck nicht standgehalten. Es gab den großen Start-up-Schwund, die IT-Branche machte extreme Verluste. Die Marktbereinigung hat zu Vorsicht, Misstrauen und sogar Rückbesinnung auf Traditionswerte und altbewährte Sparmodelle geführt. Kommunikation allein wird die Haltung der Jungaktionäre, die viel Geld verloren haben, nicht ändern und das verlorene Vertrauen wieder aufbauen können. Dazu braucht es auch und vor allem die positive Erfahrung, dass es am Aktienmarkt und mit den individuellen Portfolios wieder bergauf geht.

Das klingt einleuchtend. Aber: Wie lernt man im Fall des Falles, die Situation richtig zu interpretieren und den Kunden oder das eigene Unternehmen entsprechend zu beraten? Indem man erstens andere Beispiele, die es gegeben hat und die es immer wieder geben wird, aufmerksam beobachtet, interpretiert und Sensibilität dafür entwickelt. Und zweitens, indem man sich im Fall des Falles die entsprechenden Szenarien vor Augen führt. Was wird passieren, wenn ich diese Aussage auf diesem Plakat morgen in der Welt verbreite? Werden tatsächlich alle „Hurra" schreien? Wer würde sich angegriffen fühlen? Welche Argumente wird er ins Feld führen? Wie wird die meinungsbildende Presse das kommentieren? Wird überhaupt irgendetwas passieren?

Es geht also um Folgenabschätzung. Und die muss man können.

Merke: Kommunikation befähigt dazu, den eigenen Platz in der Gesellschaft und in seinen Märkten zu behaupten und damit den wirtschaftlichen, kulturellen oder sozialen Erfolg abzusichern. Sie erfordert Sensibilität für öffentliche Prozesse und Folgenabschätzung, das eigene Handeln betreffend. Durch Übereinstimmung von Handeln und Kommunizieren entsteht Glaubwürdigkeit.

Kommunikation ist kein Ersatz für fehlende Strukturen oder Gesetze. Sie kann keine ordnungspolitischen Rahmenbedingungen schaffen, schlechte Produkte in gute verwandeln oder für andere qualitative und organisatorische Mängel gerade stehen. Sie hat ihre Grenzen. Deshalb kommt es sehr darauf an, die eigentliche kommunikative Aufgabe hinter dem objektiven Problem zu erkennen.

1.2 Konzepte fangen vorne an und hören hinten nicht auf – Über Steuerung und Störungen

Was Konzepte sind, ist sehr einfach zu beantworten. Sie sind die Grundlage für jede Kommunikation. Ohne sie würde man die öffentlichen Arenen sozusagen vollkommen unvorbereitet, ziel- und planlos betreten. Das heißt aber noch nicht, dass auch alle Konzepte gleich gut sind. Was unterscheidet ein gutes von einem schlechten?

Die kürzeste und prägnanteste Erklärung lautet: Konzepte sind dann gut, wenn sie die Kommunikationsaufgabe lösen. So banal das klingt, es ist die Benchmark. Wer jemals in die Verlegenheit kommt, einer Konzept-Präsentation beizuwohnen und dabei mehrere Lösungs-Vorschläge zu einer Aufgabenstellung hört und sieht, kann mithilfe dieser Messlatte schon relativ sicher eine Auswahl treffen. Der Begriff Lösung oder gar Problemlösung sagt ja bereits, dass es hier nicht um die Aufzählung einer Hand voll Standardmaßnahmen oder die Vorstellung ein paar „pfiffiger" Ideen geht. Couponanzeigen allein werden nicht den Eifer der Verbraucher antreiben, sich mit dem Strommarkt auseinander zu setzen, Infomobile werden kaum einen Marktplatzpassanten zum rasenden Euro-Befürworter machen und Rubbelpostkarten verwandeln einen eingefleischten Vegetarier nicht in einen Fleischliebhaber – wobei diese Maßnahmen in anderen Kontexten durchaus große Effekte in die richtige Richtung erzielen können.

Wie aber kommen dann solche offensichtlich wirkungslosen oder sogar kontraproduktiven Vorschläge zu Stande? Die Maßnahmen, die im Konzept am Ende stehen, sind nur so gut wie die Analyse und Problemeingrenzung, die ihnen vorausgeht. Wer hier unvollständig und vor allem zu ungenau bleibt, kommt auch später nicht mehr auf den Punkt. Das entspricht einem besonderen Managementverständnis. Wir bewegen uns in einem objektiv gesetzten Rahmen, auch wenn es schon frühzeitig eine Idee von der möglichen Lösung gab. Konzeptionell arbeiten heißt dann, diese Idee in jedem Fall Schritt für Schritt rückwirkend zu überprüfen.

An den Anspruch der Stringenz knüpfte sich also schnell die Frage nach dem bestmöglichen Aufbau eines Konzeptes. Zwar haben sich in der gesamten Branche verschiedene Konzeptionstypen herausgebildet. Agenturen und Unternehmen pflegen so ihre Stile. Es sind dies jedoch sprachliche und gestalterische Spielarten eines immer wiederkehrenden Weges, der sich besonders bewährt hat. Denn er fordert, um es einfach zu sagen, die stufenweise Trennung der Spreu vom Weizen und zwingt seine Verfasser somit zur schrittweisen Klärung in Richtung Lösung. Der Erläuterung dieses Aufbaus wollen wir unser Buch widmen. Nur soviel sei vorbemerkt: Ein Konzept beginnt vorne, mit dem Teil, den wir als Ausgangslage oder Analyse bezeichnen und der alle kommunikativ relevanten Fakten versammelt, ordnet und bewertet. Durch Faktenverschränkung gelangen wir zu den Schlussfolgerungen für die Kommunikation. Von hier aus wird der Weg für die Ziele und die Strategie geebnet, die wiederum die einzige Grundlage für die Bestimmung der Maßnahmen und ihrer Gewichtung sind. Dörrbeckers Rakete ist ein Klassiker (siehe Abbildung 1).

Wenn ein Wesensmerkmal eines schlüssigen Konzeptes ist, dass es vorne beginnt, so ist ein weiteres, dass es hinten nicht aufhört. Das soll zum Ausdruck bringen, dass Kommunikationskonzepte keine finalen und schon gar keine isolierbaren Werke sind. Sie sind anfällig für Störungen. Jede kurzfristige Änderung im Markt, jede langfristige Einstellungsänderung in der Gesellschaft wird dazu führen, dass die aufgestellte Strategie erneut überdacht werden und gegebenenfalls eine neue Aussteuerung erfolgen muss. Nehmen wir zur Veranschaulichung ein Paradebeispiel aus der Modewelt: Als in den 60er Jahren die Emanzipationswelle losbrach, wollten Frauen Hosen tragen. Die Feinstrumpfhose zum Rock war out. Nicht zum ersten Mal und nicht nur damals mussten die Produktstrategen den Nylons einen neuen Platz zuweisen. Daran waren automatisch auch neue Werbestrategien geknüpft. Emanzipation stört Feinstrumpfhose.

Es sind im weitesten Sinne immer gesellschaftliche, kulturelle, politische und technische Wandel, die solche Änderungen provozieren. Der Brief ist nicht mehr der alte, seit alle ihre Botschaften per SMS oder E-Mail verschicken. Wie positioniert man ihn inmitten dieser so viel schnelleren und bequemeren Medien heute? Nun kann man natürlich sagen: Das war doch alles längst vorherzusehen. So ganz plötzlich von heute auf morgen hatte ja nun nicht jede Frau die Hosen an und nicht jeder ein Handy und Internetzugang. Da musste man ja nicht im Minutentakt an der Lobby für Briefe und Strumpfhosen feilen. Ja! Aber es gibt die Fälle, die innerhalb von Minuten oder Stunden eine Neuausrichtung verlangen, ebenso zuhauf. Die Zeitungen sind voll davon: eine Gesetzesablehnung kann über Nacht die Pläne einer ganzen Branche erschüttern, genauso wie eine politische Reform, ein Parteispendenskandal, ein Kandidatenwechsel. Welche Folgen der Terrorangriff auf das World Trade Center bis in die Kapillare unserer Gesellschaft gehabt hat, müssen wir kaum ausführen. Kurz und gut: es ist fast aussichtslos zu glauben, dass die faktischen Grundlagen für ein Kommunikationskonzept und auch den ursprünglichen Zeitplan unverändert bestehen bleiben können.

Ob man diesen Prozess der permanenten Steuerung und Anpassung, der den Beratungsalltag bestimmt, als feste Stufe dem Konzeptionsprozess selbst formell zurechnet (Vgl. Phasen-Modell des PR-Kollegs Berlin[5]) oder nicht, bleibt jedem selbst überlassen. Man sollte sich nur grundsätzlich merken: Eine Kommunikationsplanung muss für die Veränderung wichtiger Parameter in der Öffentlichkeit offen gehalten werden. Andernfalls ist das Konzept zwar am Anfang noch schlüssig, kann aber im Verlauf des Prozesses konsequent am Ziel vorbeisteuern.

Merke: Ein gutes Konzept ist eine individuelle Planung, die die gestellte spezifische Kommunikationsaufgabe so erfolgreich wie möglich löst. Es zeigt ein ganzheitliches Verständnis dieser Aufgabe und zeichnet sich durch analytische Stringenz aus.

Trotz stilistischer Unterschiede hat sich in der Branche ein Aufbau bewährt, bei dem zunächst alle kommunikativ relevanten Fakten versammelt und Schlussfolgerungen daraus gezogen werden, bevor man zur Ziel-, Zielgruppen und Strategiebestimmung schreitet. Erst dann kann eine lösungsorientierte Maßnahmenplanung aufgestellt werden. Dem Appell „begin at the beginning" folgt auf dem Fuße die weise Voraussicht: Denke nicht, dass das Konzept über Jahre das alte bleibt. Öffentlichkeit ist kein starres Gebilde, und jeder Wandel, vom neuen Konkurrenten bis zum neuen Kandidaten, kann eine Strategie schnell erschüttern. Die Anpassung ist Kern der Beratungsleistung, oder, wenn man so will, Teil eines dauerhaften Konzeptionsprozesses.

1.3 Konzepte gibt's nicht von der Stange – Über die Notwendigkeit des Denkens

Dozenten und Trainer, die in Seminaren Konzeptionstechnik vermitteln, kennen den Ruf nach Vorbild-Konzepten und Musterlösungen. Dieser Ruf ist die Absage an das eigene Denken, auch an Problemlösungskompetenz und Kreativität. Jede Kommunikationsaufgabe ist anders gelagert. Keine Situation gleicht der anderen. Prozesse verlaufen immer

5 siehe Seminarunterlagen PR-Kolleg Berlin.

unterschiedlich. Dieses Buch wird daher keine Standardlösung oder gar eine Vorlage für ein gutes Konzept präsentieren können. Die eigentliche Leistung ist und bleibt das Denken. Methode und Aufbau sind lediglich Orientierungshilfen!

Ein anderer beliebter Irrtum ist, dass Kommunikationsaufgaben, die sich im gleichen Branchenumfeld abspielen, auch mit ähnlichen Strategien und Maßnahmen gelöst werden können. Aber: VW ist nicht Renault, Milupa nicht Hipp und Karstadt nicht Woolworth. Die Situation von Unternehmen der gleichen Branchen ist nie gleich. Das zeigt eine ganze Reihe von Fragen:

Fragen zum Unternehmen:

- Ist das Unternehmen international oder national tätig?
- Geht es um Mittelstand oder Großindustrie?
- Ist das Unternehmen börsennotiert oder ein Familienunternehmen?
- Stehen Fusionen oder Verkauf an?
- Wie ist das Unternehmen personell aufgestellt?
- Gibt es kommunikatives Krisenpotenzial?
- Engagiert sich das Unternehmen für Sport, Umwelt, Kultur, Soziales?
- Welche kommunikative Aufgaben haben Priorität?
- Wie wurde das Unternehmen bislang wahrgenommen, wie darüber kommuniziert?

Fragen zu Produkten/Dienstleistungen:

- Was ist das Produkt/die Dienstleistung?
- Wie ist das Sortiment aufgebaut?
- Gibt es kritische Produkte?

Fragen zum Umfeld/Markt:

- Wie ist das Branchenumfeld?
- Welche gesellschaftlichen, wirtschaftlichen und kulturellen Einflüsse spielen die größte Rolle?

Die Antworten auf diese und andere Fragen werden nie gleich ausfallen. Sie stecken den Claim für die denkerische Herangehensweise ab. Sie verhindern, Konzepte aus der Schublade zu ziehen, weil der eine Möbelhersteller ein mittelständisches Familienunternehmen mit Erbfolgekriegen und der andere ein vollindustrialisiertes Großunternehmen kurz vor dem Börsengang ist. Weil der eine vornehmlich in Süddeutschland seine Produkte an eine konservative Klientel verkauft, der andere ein bundesweites enges Vertriebsnetz mit dem Fokus auf junge Familien hat. Weil der eine sein Programm vor allem auf biologisch einwandfreie Vollholzmöbel, der andere auf moderne Kunststoffe konzentriert. Das alles führt zu anderen Schlussfolgerungen, zu anderen Zielsetzungen, anderen Zielgruppen, anderen Botschaften etc.

Kleiner Einschub: Es gibt Agenturen, die sich auf Branchen, nehmen wir einmal die Branche Pharma und Life Science, spezialisiert haben. Das heißt erstens nicht, dass diese sich von dem eben beschriebenen Konzeptionsanspruch entfernen können, wenn sie ihre Kunden erfolgreich beraten wollen. Zum zweiten heißt es nicht, dass Agenturen, die nicht spezialisiert sind, Pharma-Kunden nicht betreuen können. Der Vorteil der Spezialisierung besteht darin, dass bei allen Mitarbeitern ein ausgeprägtes Fachwissen auf diesem Gebiet vorausgesetzt werden kann und ein Erfahrungsschwerpunkt für ein bestimmtes Öffentlichkeitssegment (Medien und andere Akteure) vorhanden ist. Die Gefahr ist eine eingeschränkte Sicht aufgrund eingeschränkter Erfahrung mit kommunikativen Aufgaben. Gute Kenntnisse in Fragen der Produkteinführung von verschreibungspflichtigen Präparaten qualifiziert beispielsweise nicht für die Steuerung interner Kommunikationsprozesse im gleichen Unternehmen, das Stellen abbaut oder fusioniert. Wir kommen im Kapitel 9 „Präsentation und Dokumentation" im Zusammenhang mit der optimalen Teamkonstellation noch auf die Berücksichtigung von Erfahrungshorizont, Themenaffinität und Kenntnissen zu sprechen.

Genauso wenig wie für die Branchen wird es gleiche Lösungen für scheinbar gleiche Aufgaben geben können. Denn Krise ist nicht gleich Krise, Mitarbeiterkommunikation nicht gleich Mitarbeiterkommunikation, Kundenzeitung nicht gleich Kundenzeitung, und so weiter und so fort. Standardlösungen gibt es also auch dann nicht, wenn sich Aufgaben scheinbar ähneln.

An dieser Stelle noch ein Hinweis auf einen Konzeptionsfallstrick, in dem sich vor allem Anfänger häufig verheddern: Maßgeschneidert arbeiten heißt unter anderem, sich auf die Aufgabe zu konzentrieren und nicht Fleiß unter Beweis zu stellen. Wer ein marketingunterstützendes Kommunikationskonzept zur Einführung eines neuen Produktes erarbeitet, muss interner Kommunikation kein großes Gewicht einräumen.

Wer ein Konzept zur Online-Kommunikation schreibt, für den hat Standortmarketing sicherlich einen untergeordneten Stellenwert. Kommunikation ist ein Prozess, was bedeutet, dass bestimmte Aspekte zu bestimmten Zeiten aus bestimmten Gründen im Vordergrund stehen. Kampagnenkonzepte für ein Jahr, Internetkonzepte für die Startphase von sechs Monaten oder Kommunikationskonzepte zur Begleitung des Börsenganges sind ebenso anspruchsvoll wie das Basiskonzept, in dem die große kommunikative Linie für interne und externe Kommunikation mit allen denkbaren Facetten festgelegt wird.

Ein Konzept vermittelt ein System der Risikominderung. Es hilft zum Beispiel, das Risiko zu verringern, hohe Etats nutzlos zu verbraten, Maßnahmen einzusetzen, die sich in ihrer Wirkung aufheben, Zielgruppen zu verprellen, falsche Wege zu beschreiten, Ziele zu verfehlen und unpräzise Botschaften auszusenden. Von Henry Ford I., dem Autokönig, geht die Mär, er habe gesagt: „Ich weiß, dass ich fünfzig Prozent meiner Werbemillionen zum Fenster hinauswerfe – aber ich weiß nicht, welche!"

Leider kursieren die Schemata trotzdem. Solche Musterkonzepte werden als Akquisepapiere benutzt, um mit dem „Abverkauf" der Maßnahmen Geld zu verdienen. Auch in Unternehmen kommt es vor, dass Konzepte vom letzten oder vorletzten Jahr hervorgeholt und „aufgepeppt" werden. Das kann daran liegen, dass wenig oder kein Budget, Zeit und Manpower für diese eigentlich enorm wichtige Aufgabe da ist und verfolgt in manchen Fällen auch das Ziel, die unternehmensinterne Mittelzuteilung zu beeinflussen. Aber es hilft nichts. Kommunikationsaufgaben werden damit nicht gelöst. Manchmal schafft man mit strategisch nicht abgestimmten Einzelaktionen erst die Probleme.

Merke: Die Konzeptionslehre ersetzt das eigenständige Denken nicht, bietet ihm aber eine systematische Hilfe. Gute Kommunikationskonzepte sind alles andere als Konfektionsware. Sie sind eine maßgeschneiderte Lösung für ein jeweils besonderes Problem oder Ziel. Auch wenn Fälle aus der gleichen Branche oder des gleichen Aufgabensegments sich scheinbar ähneln, kann eine Kopie eines schon mal da gewesenen Falles dem neuen nicht „übergestülpt" werden. Viele Faktoren bestimmen die Ausgangslage. Keine Situation gleicht der anderen.

1.4 Was muss ein Konzeptioner können – Über Urteilsvermögen und Planungskreativität

Vor nicht allzu langer Zeit brachte ein Redakteur der Frankfurter Allgemeinen Zeitung seine Beobachtung zu Papier, wonach Kommunikationsleute dadurch auffielen, dass sie morgens mit einer Bäckertüte ihre Büros beträten. Das sei ein Zeichen dafür, dass sie nicht zu Hause gefrühstückt und demnach auch nicht ausgiebig die Zeitung gelesen hätten, schlussfolgerte er etwas vorschnell. Wenngleich der Beitrag offensichtlich den alten Grabenkampf „Wahrheitshüter" contra „Image-Kosmetiker" zwischen Journalismus und Kommunikation zu vertiefen geneigt war, was angesichts der wachsenden Anforderungen und Kompetenzüberschneidungen heute recht überkommen scheint, ist eine alte Weisheit mit Sicherheit richtig: Lesen bildet. Und die Zeitung gehört als tagesaktuelles themenübergreifendes Medium selbstverständlich dazu. Das ist tatsächlich nicht neu und gilt auch keineswegs nur für Menschen in Kommunikationsberufen und solche, die Konzepte entwickeln. Für diese aber gilt eines ganz besonders: sie müssen mit einem ausgeprägten Urteilsvermögen ausgestattet sein und dafür Sorge tragen, dass dieses Vermögen sich entfaltet.

Die Grundlage hierfür ist nicht nur, dass sie ihr Wissen ressortübergreifend von Bau bis Büro, von Tourismus bis Tarifpolitik, von Informationstechnologie bis Immobilienwirtschaft, von Pharmazie bis Finanzmarkt vermehren und auf dem aktuellen Stand halten. Auf demselben Wege entsteht Verständnis von der Medien- und Informationsgesellschaft. Denn: Wer die unterschiedlichen Sprach-, Nutzungs- und Meinungsformate kennt, kann im Konzeptionsprozess Situationen antizipieren und Szenarien entwickeln. Deshalb gehört zum professionellen „Informationsportfolio" für die Konzeptentwicklung neben der Tageszeitung obligatorisch auch das Internet, daneben zuweilen Yellowpress-Titel, die Wirtschaftspresse, Fernsehen und Hörfunk und die eigene Fachpresse. Bedeutend ist auch die Kenntnis wichtiger Fachmedien wie Kundenzeitschriften oder Verbandszeitschriften. Medienborniertheit kann sich ein Konzeptioner nicht leisten. Er muss anschlussfähig an die Meinungsmärkte sein.

Das setzt einige nennenswerte persönliche Fähigkeiten des Konzeptioners voraus:

- Neugierde, um sich Unbekanntes zu Eigen zu machen;
- schnelle Auffassungsgabe, weil er ständig mit neuen Themen zu tun hat;
- analytisches Vermögen, um unter anderem die richtigen Fragen zu stellen;
- Entscheidungsfreude, um auf den Punkt zu kommen;
- Selektionsvermögen, um sich nicht im Detail zu verlieren;
- Einfühlungsvermögen, um Situationen zu verstehen;
- die Fähigkeit, Distanz halten zu können, um sich nicht mit der Sache gemein zu machen.

Demnach ist jemand, der Konzepte schreibt, also kein Spezialist, sondern Generalist? Auch an dieser Frage scheiden sich zuweilen die Geister. Die Antwort lautet, er ist beides: Generalist wegen seiner persönlichen Eigenschaften. Und Spezialist aufgrund seiner professionellen Fähigkeiten. Er kennt die Kommunikation, ihre Funktion, ihre Möglichkeiten, ihre Grenzen, ihre Bedeutung, ihre Disziplinen, ihre Fachmedien, ihre Fachdiskussionen etc.

Wie auch in anderen Spezialgebieten geht es um Handwerkszeug. Wer Konzepte entwickelt, muss grundsätzlich wissen, wie sich Öffentlichkeit konstituiert und ein ausgeprägtes Interesse daran haben, wie Waren-, Dienstleistungs- und Meinungsmärkte funktionieren.

Davon abgeleitet muss er beispielsweise

- wissen, wie eine Pressekonferenz abläuft;
- beurteilen können, ob eine Nachricht Nachrichtenwert hat;
- die unterschiedlichen Produktions- und Wirkungsregeln von Printmedien, Hörfunk, TV und Online kennen;
- vorhersehen, ob ein Slogan vermittelt, was vermittelt werden soll;
- in der Lage sein, einen Grafiker anzuleiten und dessen Termini beherrschen;
- die Regeln eines Brainstormings kennen;
- erkennen, in welchen Fällen Sondierungsgespräche sinnfälliger wären als ein Gespräch am runden Tisch;
- die Botschaften einer Rede einem Redenschreiber akzentuiert benennen können oder den Vortrag selbst schreiben;
- moderieren können oder zumindest wissen, was ein Moderator können muss;

- in Gesprächsführung geübt sein;
- wissen, woher er schnell und sicher seine Informationen bezieht.

Das alles und mehr ist sein spezielles Handwerkszeug und Fachwissen. Es befähigt, im Rahmen eines Konzeptionsprozesses Maßnahmen zu entwickeln, sie in eine sinnvolle Dramaturgie einzubetten und ihre Wirkung beurteilen zu können.

In der Krisenkommunikation ist das Zusammenspiel von Spezialist und Generalist – oder auch explizitem und implizitem Wissen – besonders evident. Hier spielt immer der Zeitfaktor eine große Rolle. Innerhalb von wenigen Tagen, zum Teil auch nur von wenigen Stunden und Minuten, müssen Entscheidungen getroffen und dazu Szenarien antizipiert werden können: das Verhalten und die Argumente von Befürwortern und Gegnern, Kundengruppen und Politikern, Bürgerinitiativen, Interessenverbänden oder Fachkreisen, die Situation bei Ärztekongressen oder Aktionärsversammlungen, in Bildung, Gesundheitswesen oder Landwirtschaft, bei Demonstrationen oder Kundgebungen, die Reaktion und Reichweite von Massenmedien oder Fachblättern und vieles mehr.

In den unterschiedlichen Phasen der Konzeption sind schwerpunktmäßig unterschiedliche Fähigkeiten gefragt. In der Phase eins, dort nämlich, wo präzise Schlussfolgerungen aus der Faktenlage gezogen werden und die Aufgabe präzise gestellt wird, ist vor allem die analytische Fähigkeit gefragt.

Planungskreativität erfordert der zweite Teil. Hier werden Ziele und Zielgruppen bestimmt und Strategie und Positionierung entwickelt. In der Umsetzung und auch später in allen Steuerungs- und Beratungsprozessen schließlich kommt es auf Gestaltungskreativität an. Das disziplinierte Zusammenspiel verhindert Abschweifen.

Die vorangegangene Beschreibung hat Leitbildcharakter. Sie schildert letztlich das Ergebnis einer professionellen Entwicklung, an deren Start nicht nur „fertig studierte Kommunikationsfachleute“, sondern Volkswirte, Philosophen, Naturwissenschaftler, Soziologen, Kunsthistoriker und viele mehr stehen. Zugleich beschreibt sie die Summe der Fähigkeiten eines Konzeptionsteams. Konzeption ist nämlich auch Teamarbeit und setzt insofern Teamfähigkeit voraus.

Merke: Wer erfolgreich Konzepte schreibt, verbindet eine Reihe persönlicher Fähigkeiten (zum Beispiel Neugierde, schnelle Auffassungsgabe, analytisches Denkvermögen, Entscheidungsfreude, Selektions-, Urteils- und Einfühlungsvermögen sowie die nötige Distanz zur Sache) mit professionellen Fertigkeiten (Handwerk, Markt- und Medienkenntnisse). Damit ist der Konzeptioner Generalist und Spezialist zugleich. Der große Teil dieser Fähigkeiten wird über Erfahrung erworben oder ausgeprägt.

1.5 Warum es nicht genügt, dieses Buch zu lesen – Über die Übung, die den Meister macht

Am Ende des ersten Kapitels könnte man nun zu dem Schluss kommen, dass unter Berücksichtigung aller genannten Tipps und Hilfen das erste Konzept doch ganz einfach sein müsste. Wir hoffen, dass das durchaus auch so ist. Die Erfahrung allerdings lehrt etwas anderes. Klaus Dörrbecker hat es in seinen Seminaren treffenderweise mit dem Bild des Fahrschülers veranschaulicht: „Erinnern Sie sich noch an Ihre erste Fahrstunde im Auto nach einigen Theoriestunden? Als es schrecklich im Getriebe knirschte? Als der Motor seinen Geist aufgab? Das Auto einen Riesensatz machte und dann stehen blieb? Keine Lücke groß genug schien, um einzuparken? Lang ist das her und heute fahren Sie souverän Hunderte von Kilometern ohne das Bremsen zu beschließen und jeden Gangwechsel gedanklich vorzubereiten. Weil Sie es nicht nur theoretisch gelernt, sondern lange geübt haben.“ Dem ist nichts hinzuzufügen.

Bleibt die Frage, wie man die Übungsphase am besten gestaltet. PR-Ausbildungsinstitute und Anbieter von Fernstudiengängen schließen in ihre Trainings und Seminare auch Einheiten über Konzeptionstechnik ein. Die guten davon enthalten realitätsnahe Übungen aus Dörrbeckers „Mörschede“ oder aus der Erfahrung der Praktiker, die sie unterrichten. Ein Vortrag bringt selten das gleiche Aha-Erlebnis. Wer Konzeptionstechnik auf diese Weise bei einem Seminaranbieter oder Fortbildungsinstitut lernen will, sollte auf Folgendes achten:

- Werden Konzeptionslehre, also die Methodik, und die Konzeptionspraxis anschaulich vermittelt?
- Wie viel Zeit wird dem Thema Konzeption insgesamt eingeräumt?
- Werden Fallstudien und Übungen in den Mittelpunkt gestellt? Und wenn ja, wie viel Zeit steht dafür zur Verfügung?
- Wird Teamarbeit gefordert?
- Wird das Thema von erfahrenen Praktikern vermittelt?
- Wie wird der Lernprozess von den Dozenten begleitet?
- Werden auch Präsentationen geübt?

Noch ein paar Worte zu den Fallstudien. Ob echt oder fiktiv, eine Fallstudie sollte so komplex sein, dass sie den Teilnehmern folgende Lernschritte ermöglicht:

- sich in den Briefinginformationen zurechtzufinden,
- Wichtiges von Unwichtigem zu trennen,
- zu erkennen, wo noch Recherchebedarf besteht,
- zu merken, wo Einzelvorgaben in die Irre führen,
- sich nicht in der Materialfülle zu verlieren.

Schließlich ist es auch im wahren Leben so: Der Kunde selektiert Informationen vor, die er für wichtig hält, ungenaue Rechercheaufträge erzeugen Unmengen von Informationen, und Gespräche führen am Thema vorbei. Nur an solchen Fällen lässt sich das analytische und strategische Denkvermögen schulen. Und hier macht Übung einfach den Meister.

Die andere Möglichkeit ist, das Konzeptionieren in der Praxis, im Beruf zu lernen. Das funktioniert vor allem in Agenturen sehr gut. Und zwar deshalb, weil dort das Entwickeln von Konzepten zum alltäglichen Geschäft gehört. Die meisten – guten – Agenturen arbeiten grundsätzlich auf Basis eines mit dem Kunden abgestimmten Kommunikationskonzeptes. Es hat die Funktion eines inhaltlichen Vertrages. Es ist eine Vereinbarung darüber, worum es in der Zusammenarbeit gehen muss. Letztlich ist das Konzept die intellektuelle Kerndienstleistung einer guten Agentur.

Einige Agenturen unterstützen diesen Lernprozess „on the job" zusätzlich mit Inhouse-Seminaren, in denen sich externe Trainer oder Berater aus den eigenen Reihen etwas abseits vom Alltag mehr Zeit nehmen, um Konzeptionstechnik nahe zu bringen.

Die finale inhaltliche Verantwortung für das Konzept liegt in Agenturen fast immer bei der Geschäftsführung oder zumindest bei Seniorberatern und Etatleitern. Seine Erarbeitung ist aber eine Teamleistung. So werden auch Konzeptionsanfänger in die Lage versetzt, schrittweise zu lernen, wie man konzeptionell denkt.

Am besten ist es, die Technik im Seminar, in einer Fortbildungsveranstaltung zu lernen, an vielen Beispielen zu üben und dann im „Ernstfall“ in der Agentur oder im Unternehmen anzuwenden.

Merke: Konzeptionstechnik ist kein abstrakter und rein theoretischer Lernstoff. Sie muss angewendet werden, um in Fleisch und Blut überzugehen. Beispielsweise in Konzeptionsseminaren, die sich durch eine hohe Übungsintensität und Praxisnähe auszeichnen. Später oder gleichzeitig sollte jeder soviel wie möglich „on the job“ trainieren und den Beistand erfahrenerer Kollegen einfordern. In vielen Agenturen gehört so ein Coaching zum Fortbildungsprogramm.

---

2 Briefing und Recherche Die Zwergen-Premiere – Über falsche Vermutungen und richtige Fragen

Fangen wir also vorn an. Kein Konzept kann besser sein, als das Briefing es hergibt. In diesem Satz schwingen zwei Erkenntnisse mit: Erstens, dass die Qualität des Briefings die Qualität der Lösung maßgeblich beeinflusst. Und zweitens, dass man bereits beim Briefing anfangen muss, gründlich und vor allem genau zu arbeiten. Ob wir auf Agenturseite den Auftrag für eine Konzeptentwicklung erhalten oder unternehmensintern ein Konzept schreiben müssen, immer ist das Briefing die erste und wichtigste Informationsquelle, auf der alle weiteren Recherchearbeiten basieren. In diesem Kapitel geht es um die Intention des Auftraggebers, um Schwarz-auf-weiß- und Face-to-face-Darstellungen, die Worte und Zeichen zwischen den Zeilen, um richtige Fragen, vorschnelle Vermutungen und mögliche Plausibilitätslücken.

Funktion und Inhalt des Briefings

Briefing kommt von englisch „brief", d. h. „kurz". Gemeint ist also eine knappe, präzise Benennung von Aufgabe, Sachlage und Rahmenbedingungen. Nicht immer ist das auch in der Praxis so. Manchmal gibt es nur vage Vorstellungen, manchmal werden die reinsten Kompendien zusammengestellt. Auch wer einen internen Auftraggeber hat – sprich in Inhouse-Funktion ein Konzept erstellt, sollte sich die Mühe machen, in einem kurzen Briefing allen Beteiligten klarzumachen, worum es gehen soll. Das Briefing wird auf diese Weise immer der erste Klärungsschritt sein. Je klarer das Briefing, desto besser der Konzeptionsprozess.

Das Briefing dient zuallererst dazu, die Intention des Auftraggebers zu erfahren:

- Um welchen Sachverhalt geht es? Was ist der Bedarf? Welches Problem will der Auftraggeber gelöst haben oder welches Ziel verfolgt er?

- Was erwartet der Auftraggeber von dem Konzept?
- Was sind seiner Ansicht nach Aspekte und Fakten, die dabei berücksichtigt werden sollen? (Briefingunterlagen)
- Wie sehen sonstige Rahmenbedingungen aus? Was ist ihm diese Arbeit an Aufwand, Manpower und Geld wert?

Die zweite wichtige Funktion des Briefings ist es, die für die Aufgabe aus Sicht des Auftraggebers notwendige Faktenlage zu erfassen:

- das Selbstverständnis des Unternehmens,
- seine Philosophie und Unternehmenskultur,
- seinen Markt und den Wettbewerb,
- die Unternehmens-, Marketing- und gegebenenfalls Kommunikationsziele,
- den Kommunikationsstatus,
- seine Produkte und (Dienst-)Leistungen.

Merke: Briefing kommt von „brief" wie kurz. Ziel des Briefings ist es, die Intention des Auftraggebers kennenzulernen: seine Ziele, seine Sicht auf das Problem, seine Erwartungen. Mit dem Briefing beginnt die Faktensammlung.

Wie wird gebrieft?

Es gibt Briefinggespräche und schriftliche Briefings. Beides hat Vor- und Nachteile: Was man schwarz auf weiß nachlesen kann, ist meist durchdachter und verbindlicher, weil man davon ausgehen kann, dass ein Klärungsprozess auf Auftraggeberseite vorausgegangen ist. Darauf kann man sich sicher beziehen. In Wettbewerbssituationen erhalten alle Beteiligten außerdem die gleichen Informationen und Ausgangsvoraussetzungen.

Allerdings ist Nachfragen nur bedingt möglich, und die Informationen zwischen den Zeilen bleiben verborgen. Briefinggespräche dagegen vermitteln neben den Fakten auch Stimmungen, Meinungen, Haltungen. Die Intention des Auftraggebers kommt für das Konzeptionsteam authentischer daher. Der Nachteil von Gesprächen ist, dass sie einen weniger verbindlichen Charakter haben. Es empfiehlt sich auf jeden Fall ein mündliches Briefing in Stichpunkten zu dokumentieren und vom

Briefinggeber bestätigen zu lassen oder sich im Re-Briefing (siehe unten) rückzuversichern. Im besten Fall erhalten Agenturen die Möglichkeit zu beidem.

Merke: Es gibt schriftliche Briefings, die meist auf Grundlage eines vorangegangenen Klärungsprozesses entstehen und Chancengleichheit in Wettbewerbssituationen schaffen. Mündliche Briefings ermöglichen ein Kennenlernen und vermitteln Stimmungen. Im besten Falle erhalten Agenturen die Möglichkeit zu beidem.

Das Briefing als erster Verständigungs- und Vermittlungsschritt

Das Briefinggespräch hat eine interaktive Dimension. In der Regel spricht das Agenturteam zum ersten Mal in einer Arbeitssituation mit dem Team auf Kundenseite. Und das kann sich sehr unterschiedlich konstituieren. Einfluss auf die Atmosphäre des Gesprächs haben:

- *Die Funktionen der Anwesenden:* Geschäftsführer, Pressesprecher, Marketingleiter, Produktmanager, ihre Stellvertreter, Mitarbeiter aus Fachabteilungen bis hin zu Sachbearbeitern. Die jeweilige Konstellation der Runde führt beispielsweise dazu, dass die reine Fachperspektive auf die kommunikative Sicht stößt. Manchmal ist zu spüren, dass beide Seiten partnerschaftlich zusammenarbeiten können, weil sie sich ihrer komplementären Kompetenzen bewusst sind. Manchmal wird im Gespräch ein tiefes Unverständnis deutlich, dass sich in konkurrierenden Aussagen und Gesten manifestiert.
- *Die Rolle der Anwesenden:* Eine solche Konkurrenz kann auch entstehen, wenn zum Beispiel der Leiter Kommunikation und der Pressesprecher sich im wahrsten Sinne des Wortes nicht verstehen. Diese atmosphärischen Störungen können zu Widersprüchen, zur falschen Vermittlung und Gewichtung der Aufgabe und im schlimmsten Fall sogar zum bewussten Zurückhalten von Informationen führen.
- *Die Erfahrung mit Agenturen:* Ähnlich verhält es sich mit der Bereitschaft, sich wirklich auf einen Arbeitsprozess mit externen Dienst-

leistern einzulassen. Es gibt Unternehmen, die noch nie mit Agenturen zusammengearbeitet haben und andere, die zahlreiche Agenturen gleichzeitig beschäftigen. Auch die Erfahrungen, die bei einer solchen Zusammenarbeit gemacht werden, prägen das Verhalten. Im günstigen Fall gibt es einen Vertrauensvorschuss, im schlechtesten muss die Agentur beständig ihre Leistungsfähigkeit belegen und die Zusammenarbeit damit legitimieren.

- *Die persönliche Einstellung zu Veränderungen:* Es gibt alteingesessene Mitarbeiter, die sich durch ihre konservative Haltung gegen Neuerungen sperren. Dann gibt es solche, deren erste Amtshandlung Veränderung ist und die dankbar sind für Impulse von außen. In konservativen Organisationen begegnet man auch häufiger dem Phänomen, die neuen Medien mit Skepsis zu betrachten.
- *Hierarchische Aspekte:* Delegiert der Geschäftsführer Kommunikation weg oder macht er sie zu seiner persönlichen Sache? Lässt er seinen Mitarbeitern in einer flachen Hierarchie freie Hand oder fordert er straffe Konzerndisziplin ein? Nimmt er lange Entscheidungswege in Kauf? Das wird die Interaktion prägen.

Merke: Jedes Briefinggespräch hat eine interaktive Dimension: Die Funktion der Anwesenden, ihre Rolle, ihre Erfahrung mit Agenturen, ihre persönliche Einstellung sowie hierarchische Aspekte haben großen Einfluss auf das, was gesagt wird und ob relevante Dinge zum Teil sogar unausgesprochen bleiben.

Das Gartenzwerg-Briefing: Wir begegnen Frau Riese, Herrn Brand, Herrn Lieferbach und vier neuen Zwergen, über die man unterschiedlich denken kann.

Das Geheimnis war nur zum Teil gelüftet. Vor einer Woche rief eine gewisse Frau Riese in ihrer Funktion als Marketingleiterin der Garten & Schmuck GmbH bei uns an. „Bin ich da richtig bei Snow & White Communications? Sie sind mir empfohlen worden. Ich habe Ihre Telefonnummer aus einem Verzeichnis der GPRA. Wir brauchen Ihre Beratung. Es ist so, mmh: wir haben neuerdings Gartenzwerge im Sortiment. Das hat sozusagen noch gefehlt. Sonst decken wir im Bereich Garten und Schmuck ja alles ab – wie der Firmenname schon sagt. Könnten Sie am nächsten Donnerstag um zehn zu uns kommen? Dann erklären wir Ihnen, worum es im Einzelnen geht." Pünktlich um zehn Uhr betreten wir den Siebziger-Jahre-Flachdachbau der Garten & Schmuck GmbH im Gewerbegebiet. Schon auf dem Parkplatz ist zu erkennen, welcher Geist hier weht: Rabatten mit Begonien, Holzpalisaden mit exotischen Rankpflanzen und schmiedeeiserne Laternen im mediterranen Stil trennen die Stellplätze voneinander ab. Einen Teil des Sortiments kennen wir damit schon.

Am Empfang brauchen wir nicht zu warten. Produktmanager Mark Brand öffnet uns höchstpersönlich die schwere Glastür und führt uns in einen großzügigen, holzgetäfelten Besprechungsraum im Parterre. Noch bevor Herr Brand begeistert zur Vorstellung seiner Produktneuheiten kommt, springen sie uns ins Auge: Vier 1,20 Meter große Figuren, die so gar nicht in das gewohnte Bild vom kleinen beschaulichen Wichtel passen wollen. Zwerge in poppigen Kunststofffarben und ungewohntem Outfit. Einer trägt statt Zwergenhut eine Kochmütze, dazu Schürze und Kochlöffel. Der daneben stemmt Hanteln, der Dritte telefoniert mobil und dann gibt es die weibliche Variante im pinkfarbenen Mini mit neumodischem Einkaufsrucksack. Herr Brand folgt unseren Blicken und bestätigt, was wir da sehen. „Das ist ganz neu. Geschmacksmusterschutz etc. – alles angemeldet. Jetzt müssen wir nur noch raus." Herr Brand ist ca. 30 Jahre alt, tritt dynamisch auf und trägt zum dunkelblauen hochgekrempelten Hemd keine Krawatte. Während er das sagt, betritt ein grauhaariger Herr in Jeans und Jackett den Raum, gefolgt von einer dunkelhaarigen großen Frau im beigefarbenen Kostüm. Das muss Frau Riese sein. Der Mann stellt sich uns mit „Frank Lieferbach, Vertriebsleiter Gartenschmuck“ vor. Danach schütteln wir Frau Riese die Hand. Wir setzen uns. Es gibt Kaffee. Wir erhalten die Gelegenheit, die Agentur mit ein paar Referenzen vorzustellen und konzentrieren uns dabei auf das Wesentliche. Herr Lieferbach ergreift das Wort.

„Ja, dann erst mal herzlich willkommen, worum es geht, ist ja nicht zu übersehn, wir haben also jetzt, ich will mal sagen, neuen Wind im Sortiment. Und Herr Brand, nicht wahr, vertritt ja die Ansicht, dass wir da jetzt auch mal mit einer Agentur zusammenkommen sollten. Ja.“ Er räuspert sich und schaut zu Brand. Der übernimmt gerne: „Wie ich meinen Kollegen schon erläutert habe, werden wir unsere Neuheit sicherlich nur mit externer Manpower in den Markt pushen können. Wir haben da eine einmalige Chance. Kommen wir zu den Assets: Gartenzwerge sind ja eigentlich nicht trendy. Sie kennen die Vorgärten der Deutschen etcetera etcetera. Die Garten & Schmuck war ja auch ausschließlich in so einem Segment zu Hause. Ich denke, wir müssen da jetzt verstärkt an eine wesentlich jüngere Nachfolgegeneration denken, die selbstverständlich, und das dürfte klar sein, die alten Zwerge mit Schubkarren und Laternen einfach ablehnt. Das liegt ja auf der Hand. Was haben wir also gemacht? Wir haben eine neue Reihe von Zwergen für die Vor- und Schrebergärten von morgen aufgelegt. Neue Farben, neues Outfit, neue Accessoires. Ich denke, das Ergebnis lässt sich sehen.“ Er blickt mit zufriedener Genugtuung in Richtung Zwerge. „Frau Riese, vielleicht können Sie den Damen noch mal zusammenfassen, welche Hoffnungen wir mit diesem Produkt verknüpfen.“

„Zunächst mal, externe Manpower – ich glaube, wir haben’s hier ganz eindeutig mit externer Womanpower zu tun. Aber das nur am Rande. Selbst in der Reihe der Zwerge gibt es ja mittlerweile eine Frau.“ Frau Riese grinst kurz. Dann fährt sie in sachlichem Ton fort: „Also, zum Mitschreiben: Die Modelle, wie sie da stehen, sollen zur nächsten Frühjahrssaison in den Regalen stehen. Idealerweise ab 1. Februar.“ Ihr Seitenblick trifft Lieferbach. „Absatzziele: im ersten Jahr 20.000. Bedenken Sie, dass wir im Herbst Outdoor-Deko so gut wie nicht absetzen können. Die Zahlen kriegen sie dann noch von Herrn Lieferbach. So.

Zielgruppe: Schrebergartenbesitzer, Gartenfreunde, auch junge Leute. Es geht doch darum, auch den Muff aus den Vorgärten zu holen. Wer will denn heute noch als spießig gelten?“

Jetzt ist es an uns, zu fragen: „ Herr Lieferbach, welche Vertriebskanäle sind denn vorgesehen?“ „Na, das übliche, will ich mal sagen. Garten & Schmuck hat drei Geschäftsbereiche, Garten-Erde, Garten-Geräte und Garten-Schmuck. Alle drei gehen über den Fachhandel und die großen Discounter, also Baumärkte und so.“ „Gibt es die Zwerge nur in einer Größe? Und was werden sie dann kosten?“ Frau Riese antwortet: „Zunächst ist nur der Zwerg in groß geplant. Endverbraucherpreis pro Stück 50 €.“ „Haben Sie Erkenntnisse darüber, ob Wettbewerber ähnliches im Programm haben oder planen?“ Frau Riese: „Wie Sie sich vorstellen können, gibt es Hommagen an den Gartenzwerg ohne Ende. Es gibt die Disney-Zwerge als Gartenzwerge und Designer-Zwerge wie den von Philipp Starck, aber unseres Wissens nach keine Reihe von Trend-Zwergen mit Lifestyle Accessoires.“ „Ist die Reihe Ihrer Modelle limitiert oder sind noch weitere Typen in Planung?“ „Wenn es nach mir ginge, könnte man die Serie deutlich weiter fassen, aber ich stimme mit meinen Kollegen darin überein, dass wir zunächst in einer Testphase die bisherigen Typen launchen.“ sagt Mark Brand. „Haben Sie schon marketing-unterstützende Aktivitäten vorgesehen?“ „Jaja,“ sagt Frau Riese, „wir gehen damit auf die Gartenmesse und nehmen die Typen selbstverständlich auch in unseren Gartenkatalog mit auf.“

„Bleibt zum Schluss die Frage, welches Honorar Sie für das Konzept vorgesehen haben.“ Frau Riese schaut Mark Brand an, dann den Vertriebsleiter und sagt: „ Nun ja, wir haben nicht allzu viel Erfahrung, aber nach der üblichen Honorarregelung der GPRA scheint uns ein Präsentationshonorar von 7.500 € für das Gesamtkonzept angemessen.“ Wir sind einverstanden und haben vorerst keine weiteren Fragen. „Ja, dann danke für diesen ersten Input. Wir würden gerne noch mal zusammenfassen, wie wir die Aufgabe verstanden haben: ....“ Herr Brand drückt uns zum Abschied herzlich die Hand und überreicht uns einen Stapel Unterlagen. Wir werden in drei Wochen zur Wettbewerbspräsentation im Hause Garten & Schmuck erwartet.

Auf der Rückfahrt tauschen wir uns sofort aus. Zwei Sachen scheinen irgendwie nicht zusammenzupassen. Erstens, die Intentionen von Herrn Brand und Herrn Lieferbach liegen doch wohl nicht auf der gleichen Linie. Zweitens, da gibt es eine Produktrevolution und alles soll wie bisher gemacht werden – Zielgruppen, Vertriebswege und Messeauftritt. Ersetzen eingefleischte Schrebergärtner wirklich den Fliegenpilz-Zwerg durch den Handy-Man?

Kriterien für ein gutes Briefing

Auf beiden Seiten gibt es ein Pflichtenheft für ein gutes Briefing. Für den Auftraggeber gilt:

- *Vollständigkeit der Fakten* ist eines der Hauptkriterien für ein gutes Briefing. Für den, der brieft, bedeutet das, dass er sich vor einem Gespräch mit externen Beratern intern alle wichtigen Fakten und Informationen besorgt. Es erleichtert die Arbeit ungemein, dies nicht ausschließlich den Externen zu überlassen. Und in der Zusammenarbeit mit Agenturen hilft es auch, überflüssige Zeit und damit Kosten zu sparen. Agenturen müssen mit genügend Fachinformationen versehen werden. Wir haben von der Garten & Schmuck GmbH mündlich und schriftlich eine Menge erfahren. Was wir davon brauchen oder noch zusätzlich wissen müssen, werden wir dann sehen.
- Vollständigkeit allein macht aber noch kein gutes Briefing aus. Hilfreich ist es, wenn das Briefing in seiner *Struktur schon die Konzeptlogik* aufnimmt. Nicht immer wird man so eine komfortable Situation vorfinden. Leider. Frau Riese beispielsweise hat uns entsprechend der Konzeptlogik Ziele und Zielgruppen klar benannt. Das heißt noch lange nicht, dass das am Ende auch die Ziele und Zielgruppen des Kommunikationskonzeptes sein werden.
- Neben den formalen Kriterien sind es aber vor allem die berühmten menschlichen Faktoren, die die Briefingsituation erleichtern und Qualität erzeugen. *Offenheit und Vertrauen des Briefers,* Fähigkeit, Probleme zu benennen und zu beschreiben. Wie schon gesagt, kann diese Offenheit nicht immer vorausgesetzt werden. Es gibt bisweilen sogar das Phänomen des Hidden Briefings: Informationen werden bewusst zurückgehalten oder sogar falsche Informationen gegeben. Wir vermuten, dass Herr Lieferbach nicht alles gesagt hat, was er gedacht hat. Vor dem jungen, dynamischen Produktmanager will er sich nicht blamieren.

Der Auftragnehmer sollte folgende Punkte beherzigen:

- *Vertrauen zulassen und Offenheit fördern.* Das setzt die Fähigkeit voraus, sich selbst in einer Gesprächssituation zurückzunehmen, aktiv zuzuhören und dem Gegenüber zu vermitteln, dass man ihn und sein Anliegen ernst nimmt. Sarkasmus und Selbstdarstellung behindern den Prozess einer sukzessiven Klärung und gegenseitigen Hilfestellung. Wir haben darauf verzichtet, unser Vorwissen aus der Internetrecherche, die wir selbstverständlich angestellt haben, zur Schau zu stellen. Auch die doch ganz ansehnlichen Produkteinführungskonzepte für große Firmen, die unsere Kompetenz belegen, haben wir nur kurz erwähnt.

- Auf die *richtigen Fragen* kommt es an. Oder: wer fragt, der führt. An dieser Stelle sei ein kleiner Exkurs zum Thema Fragetechnik erlaubt. Unter Fragen wird immer und viel zu oft das Abfragen von Fakten verstanden. Das entspricht einem linearen Denken nach dem einfachen Muster: Wenn ich alle Sachverhalte der Reihe nach abfrage, werde ich schon zu einem vollständigen Bild kommen. Oft hilft das aber nicht, das eigentliche Problem zu erkennen – oder gar „blinde Flecken" rechtzeitig zu identifizieren. Das gilt auch für das Abfragen von Fakten, die man überall nachlesen könnte. Das ist einerseits Zeitverschwendung und hinterlässt andererseits beim Auftraggeber einen unprofessionellen Eindruck. Wir haben irrelevante Fragen vermieden: zum Beispiel die Frage nach den anderen Geschäftsbereichen, die uns gar nicht tangieren.

- Es ist sehr ratsam, *nicht vorschnell Ergebnisse oder Zwischenvermutungen als Erkenntnisse zu äußern.* Die Wahrscheinlichkeit, dass man sich selbst später revidieren muss, ist recht hoch und schädigt die Glaubwürdigkeit und Beratungskompetenz. Obwohl wir beim Anblick der ungewöhnlichen Zwerge schon heimlich den Traum von der Revolution im Vorgarten haben platzen sehen, haben wir diese Bedenken vorerst für uns behalten. Wir brauchen selbst noch Zeit, um die Argumentation sauber zu durchdenken und eine konstruktive Alternative zu erarbeiten.

- Es ist unerlässlich, die *Plausibilität der Darstellung zu überprüfen.* Das hat mehrere gute Gründe. Es kommt häufig vor, dass der Auftraggeber bei seiner Zielformulierung über das machbare Ziel hinausschießt, weil er es nur aus der Binnensicht betrachtet. Manche Widersprüche entstehen durch Betriebsblindheit. Manche durch die unterschiedliche Sichtweise der unternehmensinternen Akteure. Auf der Rückfahrt waren wir uns über Plausibilitätslücken sofort einig.

- Zum Schluss sollte man die *Erwartungen von Auftraggeber und Auftragnehmer abgleichen:* den Auftrag noch einmal zusammenfassen und sagen, was das Konzept leisten kann und soll. So haben auch wir unser Gespräch beendet.

Merke: Zu einem guten Briefing gehören immer zwei: Ein aufgeschlossener, strukturierter und gründlich vorbereiteter Auftraggeber. Ein Auftragnehmer, der den Vertrauensvorschuss zulässt und fördert, die richtigen Fragen stellt, nicht vorschnell Schlüsse zieht, die Plausibilität der Darstellung überprüft und Gesprächsführung bis zum Erwartungsabgleich beherrscht.

Nicht jedem Briefinggespräch folgt die Möglichkeit eines Re-Briefings. Wenn sie jedoch gegeben ist, dann dient das Re-Briefing als Ergänzungsgespräch, um verbliebene Informationslücken zu füllen, Plausibilitätslücken zu schließen und zuweilen auch, um dem Auftraggeber die konzeptionelle Richtung vorzeitig transparent zu machen. Wir kommen zum Schluss dieses Kapitels darauf zurück.

Recherche

In der Regel ist dieser Stufe bereits eine Rechercheleistung vorausgegangen.

Noch vor wenigen Jahren hieß das, über Medienberichterstattung, über Archive (vor allem Zeitungs- und Verlagsarchive), in Bibliotheken, bei Informationsdiensten und in vielen, vielen Telefonaten Fakten, Meinungen und Hintergrundinformationen zu sammeln.[6] Gerade die Medien-

6 Matthias Brendel, Frank Brendel, Richtig recherchieren, Wie Profis Informationen suchen und besorgen. Ein Handbuch für Journalisten, Rechercheure und Öffentlichkeitsarbeiter, 4. erw. und überarb. Auflage, Frankfurt am Main 2000 (Leseproben und Bestellmöglichkeit im Book-Shop: www.go-for-it.de).

berichterstattung gibt schnell einen guten Eindruck über das Bild des Unternehmens, des Produktes oder des Themas in den relevanten Öffentlichkeiten wieder.

Nicht zu vergessen sind bei der Recherche unternehmensinterne Quellen. In großen Agenturen gibt es manchmal schon EDV-Systeme oder datenbankgestützte Recherchetools, die das in der Agentur vorhandene Wissen zu einem bestimmten Thema zur Verfügung stellen. Networkagenturen können im Fall von interner Recherche oft auf Niederlassungen und Büros in anderen Ländern zurückgreifen. Solche internen Informationssysteme setzen ein entsprechendes Organisationsverständnis voraus und gehören zum Wissensmanagement. Auch Mitarbeiter, die innerhalb ihrer Organisation recherchieren, sollten die hausinternen Quellen nutzen. Intranets, Datenbanken, manchmal sogar noch Hausarchive oder -bibliotheken bieten sich als Recherchequellen an.

Für alle Formen von Recherche gilt: Das Internet hat die Art und Weise von Recherche dramatisch verändert. Denn ständig neue und verbesserte Suchmaschinen, Datenbanken, Online-Dienste und Online-Archive ermöglichen den Zugang zu einer unglaublich großen Fülle von Informationen, die alle schnell und meist auch einfach abrufbar sind. Früher hätte das Zusammentragen der gleichen Informationen wochenlang gedauert und wäre wohl auch in den meisten Fällen in dieser Vollständigkeit nicht möglich gewesen. Wir man sich vorstellen kann, gibt es mittlerweile einige solide Standardwerke zur Online-Recherche und -kommunikation. Empfehlenswert sind beispielsweise „PR im Netz" von Hartwin Möhrle[7] und „Recherchieren" von Michael Haller[8]. Wer die Grundtechniken der Online-Recherche im Seminar lernen will, um sie dann weiterzuentwickeln und auszubauen, dem seien die Orte empfohlen, wo die professionelle Recherche zu Hause ist: die Fortbildungsinstitute der Medien und der großen Verlagshäuser. Diese bilden nicht nur den eigenen Nachwuchs für die redaktionelle Arbeit aus, sondern mittlerweile auch alle anderen, für die Informationsvorsprung und Just-in-time-Wissen zum professionellen „Must" gehören.

---

7 Hartwin Möhrle, PR im Netz, Frankfurt am Main 2. Auflage 1999 (Leseproben und Bestellmöglichkeit im Book-Shop: www.go-for-it.de).

8 Michael Haller, Recherchieren: ein Handbuch für Journalisten, Konstanz 2000.

Schnell und treffsicher in der Recherche zu sein und dabei wichtige und wertvolle Ergebnisse zu erzielen ist für PR-Leute und Journalisten gleichermaßen wichtig. Nur wer den Informationsvorsprung hat, wer aus den Informationen, die er recherchiert, die richtigen Schlüsse zieht, wer sich die „hidden agenda", also die auf informellen Plattformen stattfindenden politischen Meinungsbildungsprozesse erschließt, wird erfolgreich sein. Beide Gruppen, sowohl PR-Leute als auch Journalisten, müssen immer wieder von vorn beginnen, wenn sie mit einem neuen Thema, einem neuen Unternehmen, einer neuen Organisation oder einem neuen Produkt zu tun haben.

Dazu ein Beispiel: Nehmen wir an, es gibt – ausgelöst durch eine Veröffentlichung in Öko-Test – eine Diskussion um die nachteilige Wirkung von Kunststofffarben auf die Atemwege. Bei der Recherche zum Gartenzwerg ist diese Diskussion übersehen worden und die Debatte kocht mit einigen prominenten Medienberichten richtig hoch. Das kann das „Aus" für den Zwerg bedeuten. Rauschgeschmissenes Geld, vergeudete Zeit, Imageschaden für das Unternehmen, eine verpasste Marktchance und das Ende der neuen Zwerge wären die Folge. Wenn man hingegen die Diskussion aufmerksam verfolgt, für den Fall der Fälle einen Argumentationsleitfaden entwickelt, die Fakten gut aufbereitet und damit vorbereitet ist, ist das Risiko für die Produkteinführung minimierbar. Der Zeitpunkt der Einführung kann noch verschoben oder die Unbedenklichkeit der Zwerg-Farben durch externe Gutachter gesondert nachgewiesen und in die Kommunikation eingeschlossen werden.

Bei aller Gründlichkeit gilt für die Recherche, gerade bei den erweiterten Möglichkeiten: Masse ist keinesfalls Klasse. Ein guter Rechercheur bleibt nah am Konzept und kann deshalb wichtige von unwichtigen Fakten unterscheiden.

Merke: Gute Recherche zeichnet sich durch die Nutzung aller zur Verfügung stehenden Quellen aus: persönliche Gespräche, Vor-Ort-Recherche, Markt- und Meinungsforschung, Medienberichterstattung, Internet, Datenbanken, Archive und Unternehmensquellen. Wer die Recherche mit den richtigen Fragen vorbereitet, ist schnell und treffsicher. Die Devise heißt: Klasse statt Masse.

Das Re-Briefing

Wie bereits gesagt: ein Re-Briefing gibt es nicht immer. Wenn es stattfindet, kann es drei Funktionen erfüllen:

- *Es kann Informationslücken schließen:* Denn trotz unseres ersten Gespräches, der Unterlagen und unserer Recherchen, bleiben noch wenige Fragen offen, die uns nur die Garten & Schmuck GmbH beantworten kann. Entweder wir klären solche Fragen kurz und knapp am Telefon (unsere Ansprechpartner kennen wir ja), oder wir nehmen es zum Anlass für ein weiteres Treffen. Dafür gilt folgender Rat: Es hilft, das Re-Briefing mit einem strukturierten Leitfaden vorzubereiten. Denn hier werden wir erstmals Fragen aus ersten Vorüberlegungen heraus stellen. Wir wissen ja viel mehr als beim ersten Termin.
- *Es kann Plausibilitätslücken schließen:* Wie wir bereits wissen, entscheidet die persönliche Ebene nur zu oft über das, was der Fragende nachher an Wissen mitnimmt. Wenn einer Frage ausgewichen, sie nur zum Teil oder sehr emotional beantwortet wird, dann sollte der Fragende dies zum Anlass nehmen, dem Grund nachzugehen. Nur wird es zum Teil wenig helfen, dieses wiederholte Fragen im selben Personenkreis durchzuführen. Denken wir an Herrn Lieferbach. In Gegenwart von Herrn Brand wird er uns wohl kaum weiterführende Informationen geben. Er scheint seine eigenen Ansichten über die neuen Gartenzwerge zu haben.[9]

---

9 Wir empfehlen die Lektüre „Miteinander reden“ von Friedemann Schulz von Thun, dem Klassiker zum Thema Kommunikationspsychologie. Schulz von Thun macht in einfacher Sprache anschaulich, wie Gespräche verlaufen, wie Botschaften gesendet werden, wie sie ankommen, warum sie wie ankommen und was ein guter Gesprächspartner daraus schließen kann. Es erleichtert manche Gesprächs- und Fragesituation, wenn man weiß, warum jemand auf einmal persönlich wird oder eine vermeintlich sachlich gestellte Frage als Beziehungsstörung empfindet. Und das gilt bei weitem nicht nur für das Briefing- und Re-Briefing-Gespräch. Aber das ist ja meist das erste und deshalb besonders wichtig. Friedemann Schulz von Thun, Miteinander reden, Kommunikationspsychologie für Führungskräfte, Rheinbek bei Hamburg 2000.

- *Es kann dem Auftraggeber einen „Schulterblick" ermöglichen:* Beispielsweise würde uns in einem solchen Fall Frau Riese als Marketingleiterin einen Besuch abstatten, um zu erfahren, in welche Richtung unsere Überlegungen gehen und nötigenfalls rechtzeitig eine Korrektur vorzunehmen. Damit bleibt die Präsentationssituation für beide Seiten in gewisser Weise überraschungsfrei. Der Auftragnehmer verschwindet nicht im „Kreativlabor", sondern sorgt für die Anschlussfähigkeit seines Auftraggebers. Man nennt das auch altmodisch „Werkstattbesuch". Man kann sich denken, dass die Begeisterung über eine solche Bitte um vorzeitige Einsicht bei den Agenturen nicht immer groß ist. Es hängt von ihrem Arbeitsverständnis ab, wie viel dann gezeigt wird. In Wettbewerbssituationen will man zudem sichergehen, dass Ideen nicht von Haus zu Haus getragen werden und andere somit Wettbewerbsvorteile erhalten. Schließlich sind Ideen im Großen und Ganzen das Kapital der Agentur. Auftraggeber sollten dafür ausreichend sensibel bleiben.

Merke: Das Re-Briefing schließt Informations- und Plausibilitätslücken auf Auftragnehmerseite und verschafft dem Auftraggeber rechtzeitig Transparenz über den eingeschlagenen Lösungsweg. Nicht immer ist ein Re-Briefing möglich oder erforderlich. Das muss von Fall zu Fall entschieden werden. Manchmal genügt ein Telefonat vor der Präsentation. Manchmal muss ein Gespräch in einer anderen Runde geführt werden.

Zusammenfassung

Ein Briefing ist in jedem Falle der Auftakt für ein Konzept. Es besteht aus schriftlichen oder mündlich gegebenen Informationen des Auftraggebers. Manchmal auch aus beidem. Der Auftraggeber formuliert hier seine Sicht auf das Problem oder seine Zielsetzung.

Er sollte dafür sorgen, dass das Briefing von Offenheit, Vollständigkeit und Klarheit in der Struktur geprägt ist.

Der Auftragnehmer muss den Vertrauensvorschuss rechtfertigen. Es geht nicht um seine Selbstinszenierung oder darum, vorschnelle Schlüsse zu ziehen, sondern die Aufgabe anzunehmen und sich dabei nicht mit der Sache gemein zu machen. Nur aus der Distanz lassen sich Informationsgehalt und Plausibilität des Gesagten, Geschriebenen und Erlebten überprüfen.

Denn ein Briefinggespräch hat auch immer eine interaktive Dimension. Es verrät vieles über Rollen und Reibungen, Haltungen und Meinungen auf Seiten des Auftraggebers.

Wenn ein Re-Briefing stattfindet, dann basiert es auf einem verdichteten Informationsgerüst, da ihm die eigenen Recherchen des Auftragnehmers vorausgehen. Damit werden die verbliebenen Informations- und Plausibilitätslücken geschlossen.

Am Ende des Briefingprozesses steht ein tragfähiges Ergebnis für die Analyse.

3 Aufgabenstellung und Analyse Über die Kunst, die Spreu vom Weizen zu trennen und den Zwerg vom Garten

In diesem Kapitel beschäftigen wir uns mit der Frage, wie wir aus den gesammelten Informationen eine komprimierte und sinnvoll strukturierte Ist-Situation zusammenstellen. Sie sollte so knapp und so vollständig sein, dass wir in der Lage sind, die richtigen Schlussfolgerungen zu ziehen. Es geht darum, die Spreu vom Weizen zu trennen und um die Kunst, logische Brillanz zu entwickeln.

Jetzt sind wir also mit Informationen bestens ausgestattet. Wir haben Unterlagen zum Unternehmen, zum Produkt, zur Organisation etc. erhalten, wir haben Informationslücken aufgespürt, nochmals nachgefragt oder eigenständig nachrecherchiert. Und wir kennen die Intention des Auftraggebers, wissen, wie aus seiner Sicht die Aufgabenstellung lautet. Damit beginnt das Konzept.

Die Aufgabenstellung des Auftraggebers und was daraus wird

Denn die ursprüngliche Aufgabenstellung, die wir zunächst einmal als gegeben annehmen, spielt im Verlaufe des Konzeptionsprozesses in mehrfacher Hinsicht noch eine bedeutende Rolle. Sie ist bedeutend, um sich in jedem weiteren Schritt zu vergegenwärtigen, mit welchem Auftrag wir ursprünglich angetreten sind. Sie ist somit ein erster Korridor, in dem wir uns im Denken bewegen müssen. Sie ist aber vor allem bedeutend, weil sie nach einer eingehenden Ordnung der Fakten und den Schlüssen, die wir daraus ziehen, in aller Regel noch einmal präzisiert werden muss. Dann erst benennen wir im Konzept die spezifische oder kommunikative Aufgabenstellung, die wir aus dem ursprünglichen Auftrag ableiten. Verwirrt? Genügt denn nicht, dass der Auftraggeber sagt, wohin er will? Ja, aber, ist seine Aufgabenstellung auch präzise und differenziert genug? Ist sie sinnvoll und realistisch? Zur Beraterverantwortung gehört es, das zu prüfen. Das geschieht durch die intensive Auseinandersetzung mit der Faktenlage in der Analyse-Phase. Die spezifische und oft sehr viel detailliertere Aufgabenstellung ist ein Ergebnis dieser Auseinandersetzung.

Merke: Wegen des notwendigen Rückbezuges, der später noch zu leisten ist, sollte der ursprüngliche Auftrag also – übrigens auch zum Verständnis Dritter, für die der Gang eines Konzeptionsprozesses später nachvollziehbar sein soll – am Beginn jedes Konzeptes vermerkt sein. Kurz und knapp.

Der Auftrag für den Gartenzwerg

Die Garten & Schmuck GmbH führt im Februar kommenden Jahres eine neue Gartenzwerggeneration im deutschen Markt ein, die in der Auftaktsaison 20.000 Mal verkauft werden soll. Als Käuferzielgruppe nennt die Garten & Schmuck GmbH Kleingärtner, Gartenfreunde und junge Leute. Die Agentur wird beauftragt, ein begleitendes Kommunikationskonzept mit Marketingschwerpunkt zur Markteinführung zu erstellen.

Das Konzept basiert auf den mitgegebenen Briefingunterlagen (Quellenangaben), einem Briefinggespräch (Datum angeben) sowie eigenen Recherchen.

Die Analyse der Ist-Situation

Die nächste Leistung im Konzeptionsprozess besteht im Anschluss darin, eine Analyse auf Grundlage der im Briefing und Re-Briefing erworbenen Informationen vorzunehmen. Dabei gehen wir, nicht anders als ein Arzt bei der Untersuchung, in zwei Schritten vor. Bevor wir zu einer Bewertung gelangen, die im Fall des Arztes zum Beispiel die Diagnose Angina wäre, versammeln wir zunächst in einer Ausgangslage oder Ist-Situation die Fakten, die wir kennen. Der Patient klagt über Halsschmerzen und hohes Fieber. Der Hals ist geschwollen, die Zunge belegt, der Puls geht sehr schnell (Beispiel von Dörrbecker).

Die goldene Regel hierfür lautet: so präzise wie möglich und so vollständig wie nötig zusammentragen, worauf es ankommt. Nicht die Menge der Fakten ist in diesem Schritt der Schlüssel zum Erfolg. Einerseits ist es die Systematik, mit der diese Fakten zu einem übersichtlichen und klaren Bild geordnet werden. Und andererseits kommt es auf das Selektionsvermögen an, also auf die Sicherheit, mit der wir hier die Daten-Spreu vom Weizen trennen. Wenn der Patient außerdem über Meniskusschmerzen klagt, so ist es unwahrscheinlich, dass dies etwas mit dem Krankheitsbild Angina zu tun hat und insofern für diese Diagnose nicht weiterführend.

Merke: Die Analyse ist eine Systematisierungs- und Selektionsleistung. Sie versammelt wertfrei nur solche Fakten, aus deren Verschränkung sich in der Folge weiterführende Schlüsse ziehen lassen. Alle Fakten, für die dies nicht gilt, werden aussortiert. Schlussfolgerungen leisten damit das gleiche wie die Diagnose eines Arztes.

Die Material der Garten & Schmuck GmbH – Wir machen eine Bestandsaufnahme und sortieren aus.

Die Garten & Schmuck GmbH hat uns – wir haben es im Briefingkapitel aufgeführt – eine Menge Materialien überlassen, in der guten Absicht, uns ein möglichst umfassendes Verständnis vom Unternehmen insgesamt zu verschaffen:

- Bücher aus dem Eigenverlag über Garten- und Landschaftsbau,
- eine Unternehmenschronik älteren Datums, die auch die Expansionsschritte der vergangenen Jahrzehnte kommentiert,
- ein Organigramm, das die Unternehmens- und Vertriebsstruktur abbildet,
- eine Übersicht mit Daten und Fakten wie Mitarbeiterzahlen und Geschäftsführerwechseln etc.,

- Wettbewerbsanalysen für die Sortimentsteile Gartenerden, Gartengeräte, Gartendeko,
- eine Produktbeschreibung mit zahlreichen technischen Angaben u. a. zur Statik und Witterungsbeständigkeit des Gartenzwerges,
- einen Entwurf für ein Gartenzwerg-Messemodell in Übergröße mit allen Messeterminen,
- eine Art Argumentarium von Herrn Brand für den Außendienst,
- eine Wettbewerbsanalyse zum Produkt Gartenzwerg von Frau Riese,
- den Sortimentskatalog von diesem Jahr,
- eine Produktbroschüre der neuen Gartenmöbelgeneration in Teakholz,
- einen Bericht über eine Promotionaktion in einer Musterhausausstellung zur neuen Gartenmöbelgeneration „Der Tick Schick mit Teak“,
- eine Anzeigenvorlage für Fachzeitschriften,
- die Mitarbeiterzeitung „Garten-Post“, die zweimal im Jahr erscheint.

Das ist viel und mit Sicherheit zu viel im Hinblick auf den Auftrag, den wir erhalten haben.

Merke: In die Ausgangslage gehört nur, was für die Kommunikation wirklich relevant ist!

Systematik und wertfreie Darstellung

Wie stellen wir die Ausgangslage dar? Der Große Brockhaus von 1996 gibt zur Systematik folgende Definition: „Analyse (griech. Analysis Auflösung), die Zergliederung, Zerlegung, Trennung eines Ganzen in seine Teile; (...) ; immer häufiger auch: die Untersuchung eines Sachverhaltes unter Berücksichtigung seiner Teilaspekte (...).“[10] Wir nehmen also eine Unterscheidung nach und Abgrenzung von Kapiteln vor, denen wir unsere Inhalte zuordnen. Der Wettbewerb, der Kommunikationsstatus, das Produkt – solche Bezeichnungen oder Zwischenüberschriften geben die Kriterien dafür vor, was hier isoliert betrachtet und möglichst dicht dargestellt werden soll. Nicht mehr und nicht weniger. Sie zwingen uns, systematisch vorzugehen, in den Aussagen nicht redundant zu werden und in der Konsequenz die Vollständigkeit überprüfbar zu halten. Sie gewährleisten so schließlich eine größtmögliche Übersichtlichkeit. Das ist eine Leistung dieser Konzeptionspassage.

Auch gilt für die Ausgangslage als goldene Regel, dass hier (noch) keine Bewertung vorgenommen und schon gar keine Behauptung aufgestellt werden darf. In der alten Brockhaus-Enzyklopädie heißt es an späterer Stelle: „Die Lehre von der Analyse von Denkgebilden heißt Analytik. So spricht Aristoteles von der Analytik als im Sinne der Logik.“[11] Die Fakten werden zunächst sprachlich und inhaltlich wertfrei zusammengestellt. Es findet noch keine Problematisierung statt. Und es ist wohl nicht nötig, dazu zu sagen, dass die individuelle Empfindung, Erfahrung oder der individuelle Geschmack des Konzeptverantwortlichen hier nichts zu suchen haben.

Beispiel für eine Behauptung:

- Die Gartenzwerge der Firma Garten & Schmuck sind schön.
- Die Gartenzwerge von Garten & Schmuck sind mal was anderes.

Beispiel für eine vorzeitige Bewertung:

- Der Gartenzwerg von „Garten & Schmuck“ wird sich sicherlich nicht leicht verkaufen, weil der Hersteller mit der traditionellen Farbgebung bricht.

10 Brockhaus Enzyklopädie, Mannheim 1996.

11 Ebda.

Merke: In der Analyse nehmen wir eine wertfreie Betrachtung von Einzelaspekten wie Produkt, Unternehmen, Markt/Wettbewerb, Kommunikationsstatus vor, die wir zunächst nicht miteinander verschränken. Wir priorisieren diese Einzelkapitel zugleich.

Im Fall der Garten & Schmuck GmbH sortieren wir die Informationen folgendermaßen (wir verwenden hier der Einfachheit halber fiktive Zahlen, die aber realitätsnah sind):

Das Produkt:

Wir müssen die Gestalt und besondere Beschaffenheit der Gartenzwergreihe darstellen. Was ist neu an den Produkten? Wie ist ihr Erscheinungsbild? Ist ihre Größe von Bedeutung? Wo sollen sie platziert werden? Was ist ihre Bestimmung? Statik und Witterungsbeständigkeit hingegen wären nur dann relevant, wenn sie ein Problem erwarten ließen und gehören deshalb nicht in die Ausganglage.

Die Konzeptformulierung lautet:

- Die Gartenzwerge der Garten & Schmuck GmbH fallen durch Größe und knallige Farbgebung (Neonfarben und Primärfarben) auf. Neu an ihnen ist auch, dass sie mit zeitgemäßen Accessoires versehen sind, die nichts mit dem Garten zu tun haben.
- Es ist vorgesehen, dass die Zwerge den Platz der bisherigen Gartenzwerge einnehmen: Gärten, Vorgärten, Schrebergärten.
- Sie stellen eine Serie dar.

Die Zielgruppe:

Wir müssen die anvisierte Käuferzielgruppe unter die Lupe nehmen und dazu eigenständig folgende Fragen beantworten: Welche Kaufinteressen und -gewohnheiten haben Kleingärtner? Welche jungen Leute könnten überhaupt Interesse an diesen recht markant gestalteten, neuen Zwergen haben? (Denn junge Leute können 10- bis 40-Jährige, können Stadt- und Landbewohner sein, können Studierte oder Leute mit geringerem Bildungsstand etc. sein). Sind Gartenfreunde per se auch Gartenzwergfreunde?

Die Konzeptformulierung lautet:

- Als Käuferzielgruppe legt die Garten & Schmuck GmbH vorläufig fest: Bisherige Käufer traditioneller Gartenzwerge, Gartenfreunde und junge Leute.
- Traditionelle Gartenzwerge werden ausschließlich von einer Altersgruppe 50 Jahre und älter gekauft. Sämtliche Käufer besitzen eigene Gärten oder Schrebergärten oder Terrassen.
- 70 Prozent dieser Käuferschicht erwirbt zur Dekoration seiner Anlage Gartenzwerge im traditionellen Design. Nur fünf Prozent davon würde auch anders gestaltete Zwerge kaufen.
- Neonfarben liegen nur bei der Altersgruppe der 20- bis 40-Jährigen derzeit im Trend.
- Personen zwischen 20 und 40 Jahren verfügen nur zu 15 Prozent über Garten- oder Schrebergartenzugang, 30 Prozent verfügen über Balkone, 50 Prozent haben keine Möglichkeit, Gartenzwerge im Außenbereich aufzustellen.
- Die Bereitschaft, Dekorationsgegenstände im häuslichen Umfeld aufzustellen nimmt mit steigendem Bildungsniveau ab.

Der Wettbewerb:

Wir müssen darstellen, in welcher Konkurrenz die Gartenzwerge mit ihren besonderen Eigenschaften aktuell stehen.

Die Konzeptformulierung lautet:

- Es gibt keinen anderen Gartenartikelhersteller, der eine vergleichbare Figurenserie im Sortiment hat.
- Es gibt zahlreiche Hersteller traditioneller Gartenzwerge.
- Es gibt zahlreiche Hersteller von Dekofiguren, die in Farbgebung und Größe mit den Serienzwergen vergleichbar sind, nicht aber die Charaktereigenschaften von Zwergen tragen.

- Dies sind vor allem als Merchandisingprodukte Comic- und Phantasiefiguren.

Vertrieb:

Welche Vor- und Nachteile bescheren ihnen die vorgesehenen Vertriebswege? Werden sie im Regal von den Konterfeis ihrer viel älteren Zwergenvorgänger „umstellt“ sein? Werden Bambis und sonstiges Ziertier ihnen die Show stehlen? Gibt es andere Konkurrenz? Riesige Asterix-Figuren für den Garten? Bunte Plastik-Hinkelsteine?

Die Konzeptformulierung lautet:

- Alle traditionellen Zwerge werden über Baumärkte und den Gartenfachhandel vertrieben.
- Alle Merchandisingprodukte sind in Kaufhäusern und Geschenkartikelläden zu finden.

Das Unternehmen:

Wir müssen festhalten, für welches Sortiment die Garten & Schmuck GmbH steht. Wir wissen, dass das Unternehmen nicht bekannt für Gartenzwerge ist. Die neue Reihe stellt die ersten Gartenzwerge im Sortiment, das ansonsten ausschließlich aus anderem Gartenzubehör besteht. Dies bedeutet keinesfalls, dass wir in die Produktbereiche Gartenerden, Gartengeräte etc. tiefer einsteigen müssen. Es genügt, wenn wir die Sortimentslogik festhalten. Auch die Historie des Unternehmens ist irrelevant, genauso die Mitarbeiterzeitschrift mit internen Informationen über Personalpolitik etc.

Die Konzeptformulierung lautet:

- Die Garten & Schmuck GmbH steht für ein breites Gartensortiment mit den Bereichen Gartenerde, Gartengeräte, Gartendekoration.
- Es hat bisher keine Gartenzwerge im Sortiment gegeben.
- Das Unternehmen tritt in allen Fällen als Unternehmensmarke hinter seinen Produkten zurück.

Der Kommunikationsstatus:

Wir müssen betrachten, wie das Themenpotenzial für Gartenzwerge in den Medien aktuell ist und wie das Unternehmen mit Produktneuheiten grundsätzlich kommunikativ verfährt. Dazu gehört die Nennung der Anzeigen, der Broschüren, des Kataloges der POS-Aktionen und -Materialien und des Internet. Auch was nicht vorhanden ist (hier beispielsweise die Pressearbeit) muss ausgesagt werden.

Die Konzeptformulierung lautet:

- Gartenzwerge werden nur in ausgesprochenen Gartenfachzeitschriften mit ihren Produkteigenschaften beschrieben. Als Kulturgut und Symbol für eine bestimmte Lebenseinstellung tauchen sie vereinzelt auch in anderen medialen Kontexten auf.
- Die Garten & Schmuck GmbH führt jede neue Produktlinie üblicherweise mit einer Broschüre, POS-Aktivitäten, Messepräsentationen auf Gartenmessen, der Aufnahme in den Katalog und ins Internet ein.
- Der Außendienst erhält ein Briefing.
- Es wird kein Direktmarketing und keine Presse- und Medienarbeit genutzt.
- Auch das Unternehmen selbst macht keine aktive Presse- und Öffentlichkeitsarbeit.

In diesem ersten Schritt der Ausgangslage haben wir die Fakten selektiert und systematisiert. Erst im abschließenden Schritt der Analysephase, dem Fazit oder der Stärken-Schwächen- oder Chancen-Risiken-Gegenüberstellung, findet eine Verschränkung der Faktenlage nach den Gesetzmäßigkeiten der Logik so statt, dass sie ein bewertetes Bild der Situation wiedergibt.

Stärken/Schwächen, Chancen/Risiken – die Kunst zu Schlussfolgern

Logische Schlussfolgerungen entstehen nun aus der Verschränkung von Fakten, die wir bislang isoliert betrachtet haben. Es gibt zwei mögliche Formen der Darstellung. Erstens: Alle bisher aufgeführten Punkte bergen in sich Stärken und Schwächen oder Chancen und Risiken für den Kommunikationsprozess. Danach kann man sie nun tabellarisch neu ordnen und miteinander in Beziehung setzen. Die zweite Möglichkeit ist, schon einen Schritt weiterzugehen und in sehr präzisen, knappen Aussagen die noch verbliebenen Möglichkeiten zusammenzufassen. Dabei helfen Formulierungen wie „Zwar... , aber...“ oder „Einerseits..., andererseits ...“.

Welche Schlüsse ziehen wir aus der Ausgangslage für den Gartenzwerg?

- Die Gartenzwerge der Garten & Schmuck GmbH sollen zwar den Platz der traditionellen Gartenzwerge übernehmen, entsprechen aber weder in ihrem Erscheinungsbild vollständig ihren Vorgängern noch den Wünschen und Bedürfnissen der Käuferschicht von traditionellen Gartenzwergen.
- Die neue Reihe der Gartenzwerge kommt zwar den Geschmacksvorlieben der heute 20- bis 40-Jährigen mit geringerem Bildungsgrad entgegen, diese Käuferschicht hat aber in den seltensten Fällen Gärten.
- Die neuen Gartenzwerge können deshalb nicht als „Garten-Zwerge“ positioniert werden.
- Andere vergleichbare Deko-Figuren stehen im Haus und nicht im Garten.
- Diese „Nicht-Garten-Figuren“ werden entsprechend über Kaufhäuser und Geschenkartikelläden vertrieben.
- Die Vertriebskanäle für die neue Serie müssen sich an dem neuen Käufersegment orientieren und können nicht deckungsgleich mit den bisherigen reinen Gartenprodukten sein.
- Das gilt entsprechend für die Kommunikation. Auf Gartenmessen und in den Gartenproduktkatalogen werden diese Objekte nicht gesucht.

Die kommunikative Aufgabenstellung

Damit haben sich die maßgeblichen Parameter der vom Kunden gestellten Aufgabe verändert. Wir haben nur noch eine, dafür aber klar definierbare Käuferzielgruppe, neue Vertriebskanäle und neue Kommunikationsanforderungen. Für die müssen wir eine neue Aufgabenstellung formulieren.

Merke: Je präziser die kommunikative Aufgabenstellung gelingt, umso leichter fällt der Schritt zur Formulierung von Kommunikationszielen, Zielgruppen, Positionierung und Strategie.

Die neue kommunikative Aufgabenstellung heißt:

- Wir müssen einen möglichst breiten Abverkauf einer neuen Gartenzwergserie kommunikativ unterstützen, die nicht mehr die Vermarktungsvoraussetzungen für Gartenzwerge erfüllt.
- Die besondere Herausforderung besteht darin, eine Käuferzielgruppe zu erreichen, die bisher keine Affinität zum Gartenzwerg hatte.
- Wir müssen im engen Anschluss an deren Lebensstil und Freizeitgewohnheiten die Themenpotenziale identifizieren und kommunikativ für uns nutzen.

Zusammenfassung

Eine logische Zusammenfassung der bearbeiteten wichtigen Fakten ist das hervorstechende Charakteristikum einer guten Analyse.

Sie leistet im ersten Schritt die Isolation aller für die Kommunikation relevanten Fakten, die sie zunächst wertfrei darstellt und systematisiert.

Erst im zweiten Schritt werden durch Faktenverschränkung Zusammenhänge herausgearbeitet. Das kann in tabellarischer Form durch Gegenüberstellung von Stärken und Schwächen oder Chancen und Risiken geschehen. Oder es werden die noch verbliebenen Möglichkeiten knapp und sehr präzise in „Zwar..., aber... „-Aussagen benannt. Ergebnis ist in beiden Fällen ein bewertetes Bild der Situation.

Nur eine logische und gut durchdachte Analyse kann in eine präzise Aufgabenstellung münden. Die kommunikative Aufgabenstellung unterscheidet sich nicht selten fundamental von der ursprünglichen Aufgabenstellung des Auftraggebers. Letztere sollte genau deshalb am Anfang des Konzeptes immer festgehalten werden.

Je genauer die kommunikative Aufgabe gestellt wird, umso klarer folgen daraus die nächsten Schritte: Ziele, Zielgruppen, Positionierung und Strategie.

4 Ziele
Zukunftsaussichten für neue Zwerge – Das Commitment im Konzept

Mit der kommunikativen Aufgabenstellung ist der erste Teil des Konzeptes beendet oder – im Sinne der alten Dörrbeckerschen Rakete – die erste Stufe gezündet. Die folgenden vier Konzeptschritte haben kommunikationsstrategische Bedeutung.

In diesem Kapitel geht es darum, den Zustand zu formulieren, der erreicht sein soll, wenn das Konzept am Ende erfolgreich ist. Damit legen wir uns fest und geben unserem Auftraggeber eine Messlatte an die Hand.

Im Volksmund heißt es, der Weg ist das Ziel. Im Konzeptionsprozess ist das nie so. Der Weg ist der Weg und das Ziel ist das Ziel. Oder, wie Klaus Dörrbecker es stets am Beginn seiner Konzeptionsseminare zu betonen pflegte: Hannibal entschied sich zuerst dafür, Rom zu erobern. Die Kampfstrategie war es, dies mit den nordafrikanischen Kampfelefanten zu bewerkstelligen. Allerdings waren diese zu schwer für die Schiffe, die ihn über das Mittelmeer bringen sollten. Also lautete die Taktik: mit den Elefanten die Alpen passieren. Erst Rom, dann Elefanten, dann Alpenpassage, erst Ziel, dann Strategie, dann Maßnahmen. Wer sein Ziel nicht kennt, kann den Weg nicht ermitteln. Das ist der Grund, warum die Ziele im Konzept einen eigenen prominenten Platz einnehmen und in der Dörrbeckerschen „Rakete" (siehe Abbildung 1) die Brücke von der kommunikativen Aufgabenstellung zum strategischen Block bilden. Was genau ist denn nun ein Ziel?

Ziele kennzeichnen die Endsituation

Der erste Blick ins Lexikon der Public Relations hilft weiter. Dort steht zu lesen: „... Das PR-Ziel kennzeichnet (...) die Endsituation (...), die durch konzipierte geplante und durchzuführende Maßnahmen der Öffentlichkeitsarbeit erreicht werden soll."[12] Dies ist zwar noch längst nicht alles, was ein Ziel ausmacht, aber halten wir erst einmal fest: Ein Ziel beschreibt einen zu erreichenden Zustand. Entsprechend muss man sich fragen: Was wollen wir bei einer bestimmten Problemstellung mit den Mitteln der PR und der anderen Kommunikationsdisziplinen für das Unternehmen und sein Produkt erreichen? Wo wollen wir zum Schluss unserer Kampagne angekommen sein? Das Ziel ist, ganz klassisch, das Ende des Weges und nicht der Weg selbst.

Der Gartenzwerg hilft weiter:

Die Aussage „Hohe Bekanntheit der neuen Zwergenserie" wäre in diesem Sinne eine richtige Zielformulierung, weil sie besagt, was einmal sein wird oder sein soll. Dagegen ist die Aussage „Bekanntheit für die Zwergenreihe erreichen" streng genommen keine eindeutige Zielformulierung, weil sie den Prozess des Dahinkommens impliziert und nicht ausschließlich den Endpunkt bezeichnet.

Dasselbe gilt entsprechend für die Aussagen: Erhöhte Akzeptanz für Gartenzwerge bei jüngeren Zielgruppen in Abgrenzung zu „Akzeptanzsteigerung". Auch die Aussage: Schrittweiser Abverkauf des Gartenzwerges über erweiterte Vertriebskanäle ist keine Zielsetzung im eigentlichen Sinne.

Merke: Immer dort, wo versucht wird, den Verlauf in die Zielaussage hineinzumogeln, verwässert die Zielsetzung im Hinblick auf den eigentlich geplanten Endpunkt der Entwicklung. Es ist zur Selbstüberprüfung daher immer von Vorteil, die Formulierungen genau unter die Lupe zu nehmen.

---

12 Dieter Pflaum, Wolfgang Pieper, Lexikon der Public Relations, Landsberg/Lech 1993.

Ziele sind Präzisionsarbeit

Wenn Ziele die Endpunkte der Entwicklung sind, dann ist es der Traum, am Tag x hinter alle getroffenen Aussagen einen dicken Haken machen zu können. Erreicht, erreicht, erreicht. Das setzt natürlich voraus, dass die Ziele ursprünglich entsprechend präzise formuliert worden sind. Nur wer genau sagen kann, ob ein Ziel erreicht worden ist, kann den Erfolg oder Misserfolg einer Konzeption begründen oder weiß, wo er korrigieren muss. Vermutungen oder Annahmen lassen sich dieser Regel nicht unterziehen.

Oder wie sollte die Garten & Schmuck GmbH etwa Zielaussagen wie folgende später einmal auf Herz und Nieren prüfen:

- Das Käuferpotenzial für den Gartenzwerg könnte erweitert werden.
- Es müssten mehr junge Menschen Gartenzwerge kaufen.
- Vermutlich werden in Zukunft auch einige Käufer aus dem Segment der 20- bis 40-Jährigen Gartenzwerge erwerben.
- Vielleicht kaufen einige Nicht-Gartenbesitzer den neuen Gartenzwerg für den Wohnbereich.

Für die Nachbardisziplin der Marktforschung zeigt Jochen Becker mit seinen Aussagen zur Zielkonkretisierung und zum Zielinhalt, was Präzisionsarbeit in Bezug auf die Ziele meint: „Ziele können nur dann Richtschnur oder Maßstab für unternehmerisches Handeln sein, wenn die Ziele, die in das Zielsystem des Unternehmens eingehen, eindeutig determiniert sind. Damit ist die Operationalität von Zielen angesprochen. Eine Zielaussage ist stets eine präskriptive Aussage, d. h. eine Aussage mit Vorschriftcharakter. Das setzt voraus, dass der Zielinhalt präzise und eindeutig formuliert ist. Je exakter Ziele inhaltlich definiert werden, umso besser werden Zielverschiebungen, Zielverwässerungen oder Zielmanipulationen vermieden."[13]

Merke: Ziele sind niemals Vermutungen oder Annahmen.

---

13 Jochen Becker, Marketing-Konzeption, 7. überarb. und erw. Auflage, München 2001.

Das reine Ziel greift nicht vor

Ein weiterer Paradefehler, der zur zitierten Verwässerung führt, ist der Einsatz der Wörtchen „durch" und „als". Warum? Sie schleichen sich in Konzepten häufig an dieser Stelle ein und führen automatisch dazu, dass entweder der Positionierung oder der Strategie vorgegriffen wird. Die Positionierung – wir kommen später darauf zurück – beschreibt im Konzept die spezifische Position eines Produktes, Unternehmens etc. im Wettbewerb. Als was soll es dort wahrgenommen werden? „Als" in der Zielsetzung ist insofern ein Indikator für die Vermengung von Ziel und Positionierung. Die Strategie hat demgegenüber die Wegweiser-Funktion. Hier wird das „Wie" beantwortet: Wie komme ich dahin? Der Begriff „durch" verleitet jedoch dazu, dies bereits in der Zielaussage vorwegzunehmen.

- „Hohe Akzeptanz der Zwergenserie als Wohnungszwerge bei einer jungen Zielgruppe."

Hier wird zu früh ausgesagt, dass man den Gartenzwerg von der Fülle seiner Konkurrenten, die traditionell Vorgärten zieren und Terrassen umstehen, dadurch abgrenzen will, dass seine spezifische Bestimmung, das Unique, nicht der Zwerg selbst, sondern der Ort seiner Platzierung sein wird. Das ist bereits ein Positionierungsvorschlag.

Noch ein Beispiel:

- „Hohe Akzeptanz der Zwergenserie bei jungen Zielgruppen durch massenmedial vermarktete Leasing-Angebote."

Hier wird bereits verraten, dass man versuchen möchte, auch jüngere Menschen gegen ihre sonstige Gewohnheit zum Erwerb des Gartenzwerges zu animieren, indem man die Zwerge auch verleiht, damit erst einmal eine Gewöhnungsphase anbietet und die potenziellen Käufer schließlich zu Liebhabern macht. Der ungewöhnliche Zwerg wird mit ungewöhnlichen Mitteln an eine bis dato ungewöhnliche Zielgruppe gebracht. Das aber wäre bereits ein Hebel zur Lösung und hier nicht richtig am Platz.

Dem Dörrbeckerschen „Raketeneffekt" nimmt die vorschnelle Aussage eine gehörigen Portion Speed.

Merke: Es gibt Fallen, in die man bei der Formulierung der Ziele tappen kann. Eine der Fallen ist die implizite Vorwegnahme der Positionierung und Strategie. Sie wird augenfällig, sobald sich Begriffe wie „durch“ und „als“ in die Darstellung mogeln.

Ziele unterscheiden sich nach Phasen oder Rang

Wir sagten bereits, dass es bei den Zielen im Konzept nicht um Umfang, sondern um Genauigkeit geht. Bisher haben wir die Ziele einzeln betrachtet. Jetzt kommen wir auf die Gesamtübersicht zu sprechen. Wenn wir, wie üblich, mehrere Ziele verfolgen und benennen können, wie schaffen wir innerhalb der Ziele Ordnung? Ziele sind nicht gleichrangig und werden nicht gleichzeitig erreicht. Es ist daher sinnvoll, sie systematisch nach Rang oder Phasen zu unterscheiden.

Am einfachsten nachvollziehbar ist eine *Differenzierung nach Phasen:* Wir unterscheiden auf der Zeitachse kurz-, mittel- und langfristige Ziele. Für die Zwergenreihe könnte dieses Unterscheidungskriterium zu folgender Zielstaffelung führen:

Kurzfristig:

- Breite mediale Präsenz der Zwerge in Print und TV
- Bis zum Sommer 50-prozentige Bekanntheit bei der Kernzielgruppe

Mittelfristig:

- Hohe Akzeptanz für die neue Zwergenserie bei der Zielgruppe der 20- bis 40-jährigen Wohnungsmieter und -besitzer
- Nachfrage nach den neuen Zwergen bei mindestens 20 Prozent der Zielgruppe der 20-bis 40-Jährigen

Langfristig:

- Die neuen Zwerge für die Wohnung haben sich etabliert.

Damit haben wir Zwischenziele definiert, an denen wir uns messen lassen müssen. Da die Etablierung kausal davon abhängt, dass wir die anderen Ziele zuvor erreichen, ist sie zeitlich nachgelagert.

Etwas schwieriger ist die Staffelung nach generellen oder übergreifenden, strategischen und taktischen Zielen. Die Ziele werden nach Rang unterschieden, aber dadurch ebenfalls in ein Bedingungsverhältnis gebracht. Denn taktische Ziele sind die auf den Mitteleinsatz bezogenen Subziele, von denen wie bei der zeitlichen Staffelung, die Erreichung der generellen Ziele abhängt.

Im Falle des Gartenzwerges würde sich folgende Zuordnung ergeben:

Generelles Ziel:

- Etablierung der neuen Zwerge zu Hause

Strategisches Ziel:

- Hohe Akzeptanz für die neuen Zwerge bei der Zielgruppe der 20- bis 40-Jährigen
- Nachfrage nach den neuen Zwergen im Kauf- und Einrichtungshäusern

Taktisches Ziel:

- Breite mediale Präsenz der Zwerge in Print und TV

- Bis zum Sommer 50-prozentige Bekanntheit bei der Kernzielgruppe

Horst Avenarius[14] hat zu dieser Form der Ziel-Hierarchisierung bemerkt, dass sich „in allen Fällen feststellen lässt, ob das Ziel ist,

- nur zu informieren und aufzuklären,
- auch Zustimmung zu erhalten,
- sogar eine Verhaltensänderung zu erreichen.

Die Abfolge macht deutlich, dass die Zielsetzungen immer anspruchsvoller werden, folglich auch einen jeweils höheren Kampagneneinsatz

14 Horst Avenarius, Public Relations. Die Grundform der gesellschaftlichen Kommunikation, Darmstadt 2000.

erfordern." Kommunikative Zielsetzungen können auch die Imagebildung, die Überzeugung oder der Dialog[15] sein.

Eine davon abgeleitete Vereinfachung ist die Unterscheidung nach Unternehmenszielen und Kommunikationszielen. Akzeptanz und mediale Präsenz wären danach auf einer Stufe der Kommunikationsziele angesiedelt. Dieser Ansatz unterstreicht noch präziser, dass die im Konzept genannten Ziele, auch wenn sie nur einen Ausschnitt des Gesamtunternehmens betreffen, den Zielen der Unternehmenspolitik nicht widersprechen dürfen, sondern sich jenen unterzuordnen und sie zu unterstützen haben. Wie die Anbindung der kommunikativen Ziele an die übergeordneten Unternehmensziele aussieht zeigt die folgende Zielpyramide:

Merke: Um die Abhängigkeit der Ziele voneinander darzustellen, gibt es zwei bewährte Ordnungsprinzipien: die Einteilung in Phasen und Rang.

Quelle: frei nach Jochen Becker: Marketing Konzeption, 1992, S. 27

Abbildung 2: Zielpyramide

15 Vgl. Günter Bentele, Horst Steinmann, Ansgar Zerfaß (Hrsg.), Dialogorientierte Unternehmenskommunikation. Grundlagen – Praxiserfahrungen – Perspektiven, Berlin 1996.

Ziele kann man messen

„Das Wesen des Ziels ist seine Überprüfbarkeit"[16]. Jemand, der sich vornimmt: „In zehn Jahren werde ich ein Haus in der Toskana haben und nur noch von Weinanbau leben" trifft eine Zielaussage. Es wird verhältnismäßig einfach sein, später zu überprüfen, ob das Ziel erreicht werden konnte. Im Konzept ist das nicht anders: Was hier steht, kann, je nach Aktionszeitraum, für den es entwickelt wird, noch nach Jahren eingesehen und überprüft werden. Haben wir das alles tatsächlich erreicht? Haben wir die neuen Zwerge der Garten & Schmuck GmbH bereits in der Auftaktsaison 20.000-mal verkauft?

Messbarkeit entsteht zum einen durch Quantifizierung:

- Jeder Zwerg der Serie soll mindestens 5000-mal verkauft worden sein.
- Die neue Serie soll bei 20 Prozent der heute 20- bis 40-Jährigen in Deutschland bekannt sein.
- Es soll in allen relevanten deutschen Einrichtungszeitschriften, die eine Mindestauflage von 200.000 haben, einen Bildbeitrag über die neuen Zwerge geben.

Diese Ziele lassen sich jeweils eindeutig prüfen: Die Methoden hierfür sind naheliegend:

- Im Fall der Verkaufzahlen genügt ein einfacher Nachweis des Abverkaufs durch den Vertrieb.
- Bei der bezifferten Bekanntheit kann zu einem definierten Zeitpunkt mit den Mitteln der Marktforschung überprüft werden, ob der Bekanntheitsgrad eingetreten ist.
- Was die Abdrucke in den Zeitschriften betrifft, so kann sehr einfach mithilfe der Belegexemplare ein quantitativer Nachweis erbracht werden. Hier würde die Agentur einen oder gleich mehrere Ausschnittdienste mit der Medienbeobachtung im Aktionszeitraum be-

16 International Committee of Public Relations Consultancies Associations Limited (ICO), How to Get Real Value From Public Relations. A Client Guide to Designing Measurable Communications Objectives, London 2000.

auftragen oder auch, bei der hier angenommenen verhältnismäßig übersichtlichen Mediengruppe, selbst durch Nachfassaktionen die Erscheinungstermine feststellen.

Messbarkeit entsteht darüber hinaus durch Terminierung. Wir lassen uns auf bestimmte Zeitkorridore festlegen:

- „Bis in drei Monaten sollen 1.000 Zwerge für den Wohnbereich erworben worden sein."

Im diesem Beispiel würde eine Befragung am Point of Sales, also dort, wo der Gartenzwerg tatsächlich erworben wird, nachweisen können, dass Gartenzwerge mit der Absicht erworben wurden, sie anschließend in der Wohnung und nicht etwa in einem Garten zu platzieren. Wäre der Zwerg auch oder nur beispielweise über das Internet zu beziehen, würde man hier einen Aufbau der Site wählen, bei dem jeder Käufer erst nach Beantwortung von einigen wenigen Fragen zur Bestellung gelangen kann. Meist geht man davon aus, dass die Ziele im vorgegeben überschaubaren Konzeptzeitraum erfüllt werden müssen. Es kann aber auch sinnvoll sein, Zwischenziele zu formulieren, um nicht nach drei Jahren erst festzustellen, dass das Hauptziel nicht erreicht worden ist (Frühwarnsystem).

Es gibt also sinnfällige Methoden, mit denen gezeigt werden kann, dass ein festgelegter Zeitpunkt eingehalten oder eine Zahl erreicht wurde. Doch Ziele sind häufig nicht so eindeutig quantifizierbar wie wir es hier bisher dargestellt haben.

- Die neuen Zwerge erweitern nachhaltig die Geschäftstätigkeit der Garten & Schmuck GmbH in ein neues Handelssegment.
- Die neuen Zwerge machen die Garten & Schmuck GmbH zur Marke.

Messmethoden

Wie lassen sich solche Imagetransferprozesse oder auch der Grad der Akzeptanz feststellen? Eine Methode, die das erreichen kann, ist in der PR beispielsweise die *qualitative Medienresonanzanalyse.* Hier wird also jeder Beitrag über den Gartenzwerg, der im Aktionszeitraum erschienen und eindeutig auf die Initiative der Agentur zurückführbar ist, auf seine zentralen Aussagen hin überprüft.

- Aus wie viel Prozent der Beiträge geht der Zusammenhang zwischen Unternehmen und Produkt eindeutig hervor?
- Ist der Beitrag in sprachlicher, textlicher und bildlicher Darstellung und in seinen Hauptaussagen Titel, Bildunterschrift, Subtitel so aufgebaut, dass er nah an der Zielgruppe ist?
- Sind die wesentlichen neuen Medienkanäle ausgeschöpft worden?
- Sind die Beiträge an prominenter Stelle im Medium platziert worden?

Die Reihe der Fragen kann für die Auswertung jeweils den ursprünglich gesetzten Zielen angepasst werden. Das ist ein bedeutendes Charakteristikum dieser Methode.

Doch was bleibt übrig, wenn eine solche Analyse oder auch Marktforschung aus budgetären Gründen nicht einbezogen werden kann? Barbara Baerns hat in ihrem Klassiker „PR-Erfolgskontrolle"[17] eine Fülle von Praxisbeispielen zum Thema Evaluation zusammengeführt. Vielfach ist es eine gut geplante Verkettung von Maßnahmen, die die Evaluation zufriedenstellend erbringt. Eine Interessentenhotline kann zugleich die Funktion eines Erhebungsinstruments haben, eine Couponanzeigenaktion Aufschluss über das vorhandene Interesse geben ebenso wie eine Postkartenaktion, ein Gewinnspiel oder ein Wettbewerb. Man baut Feedback-Schleifen in die Maßnahmenplanung ein.

Nehmen wir einmal an, unsere Zwerge sollen die ebenso angenommene Marktlücke „Gartenzwerg für den Wohnbereich" schließen. Nehmen wir weiter an, wir möchten nachweisen, dass die Akzeptanz für diese Kombination vorhanden ist und würden daher die Käufer einladen, uns ein Foto ihrer mit Zwergen dekorierten Innenräume zu übermitteln, um an einem Wettbewerb teilzunehmen. In diesem Falle könnten der Umfang der Resonanz und auch die Bildaussagen als Zeugnisse für die erbrachte Zielsetzung herangezogen werden.

17 Barbara Baerns (Hrsg.), PR-Erfolgskontrolle, Messen und Bewerten in der Öffentlichkeitsarbeit. Verfahren, Strategien, Beispiele, Frankfurt am Main, 1997. Vgl. auch Arbeitskreis Evaluation der GPRA (Hrsg.), Evaluation von Public Relations, Frankfurt am Main 1997 (Leseproben und Bestellmöglichkeit im Book-Shop: www.go-for-it.de).

Gesunder Menschenverstand heißt auch, nicht zu übertreiben: PR-Beiträge in die gesparten Kosten für Anzeigenplatz umzurechnen, hieße Äpfel mit Birnen zu vergleichen. Erstens lassen sich die Zeit- und Manpowerkosten für einen PR-Beitrag selten korrekt ermitteln. Vor allem aber ist die Wirkung der Glaubwürdigkeit eines redaktionellen Beitrages nicht mit der einer gesteuerten Anzeige zu vergleichen.

Einige Agenturen und Fortbildungsinstitute haben die Evaluation der Ziele zum festen Bestandteil des Konzeptes deklariert. Die Phase der Evaluation und übrigens auch der fortlaufenden Prozess-Steuerung gehört diesen Modellen zufolge zum Kernkonzept dazu. Andere betrachten sie als Maßnahme, die stets mit angeboten und berücksichtigt werden muss, jedoch nicht als eine gesonderte Konzeptphase. Vom Anspruch her macht beides keinen allzu großen Unterschied. Wir wollen daher kein Plädoyer für eine dieser Konzeptionstheorien abgeben. Aus der Sicht der Praxis sei jedoch an dieser Stelle abschließend gesagt: die Evaluation ist das Mittel, mit dem nachgewiesen werden kann, dass Ziele erreicht wurden. Wie gut die Zielformulierung war, zeigt sich wiederum an der Messbarkeit. In vielen Fällen ist die Evaluation auch Legitimation für die Macher, die ihre Budgetausgaben bei Vorgesetzten oder Kunden rechtfertigen müssen.

Merke: Es gibt eine große Zahl von Möglichkeiten, um Kommunikationsziele zu messen. Zum einen lassen sich Verkaufszahlen und Zeitpläne heranführen und überprüfen. Zum andern gibt es qualitative Methoden. Dazu gehören beispielsweise die Medienresonanzanalyse und Meinungsumfragen. Wenn diese Möglichkeiten nicht zur Verfügung stehen, können intelligent eingebaute Feedback-Schleifen Aufschluss über die Erreichung der Ziele geben.

Ziele müssen realisierbar sein

An die Frage nach der Messbarkeit schließt sich die nach der Realisierbarkeit unmittelbar an. Wie realistisch müssen Ziele sein? Die Antwort lautet natürlich: so realistisch wie nur irgend möglich. Es gibt Werte, auf die man sich stützen kann:

- Verkaufszahlen vergleichbarer Produkte,
- die Zahl der potenziellen Käufer oder Nutzer,
- Erfahrungswerte mit der Neueinführung von Produkten.

Können wir also beruhigt sagen: Die neuen Zwerge sollen 20.000-mal verkauft werden? Denn das war das Verkaufsziel, das der Auftraggeber uns ursprünglich mit auf den Weg gegeben hat. Noch haben wir sein Ziel nicht zu unserem gemacht. Vielleicht verlassen wir seine Zielsetzung? Wir erinnern uns, was unsere Analyse ergeben hat. Das Käuferpotenzial besteht nur noch aus einer Gruppe: 20- bis 40-Jährige mit geringem Bildungsniveau. Dürfen wir das ursprüngliche Absatzziel von 20.000 Stück in Frage stellen?

Auf diese Frage gleich mehrere Jas:

- Ja, da wir gebeten sind, so realistisch wie möglich zu planen, müssen wir Zielsetzungen zum Teil revidieren. Das ist, wie bereits in der Analysephase angemerkt, unsere Verantwortung. Kommen wir aus der logischen Zusammenführung von Fakten, die vom Auftraggeber bis dato nur zum Teil reflektiert worden waren, für diesen Fall zu einer anderen Schlussfolgerung und damit zu einer anderen kommunikativen Aufgabenstellung, dann werden wir notwendigerweise auch das vielleicht zu optimistisch gefasste Verkaufsergebnis einschränken müssen. Auch der umgekehrte Fall kann eintreten: wir sehen größere Erfolgsmöglichkeiten, als der Hersteller gesehen hat, wenn sich dies belegen lässt.
- Ja, weil der Gesamterfolg in vielen Fällen nicht nur vom Kommunikationskonzept abhängt. Wir hatten schon ausgeführt, welche Rolle für den Gartenzwerg etwa die Stimmigkeit des Vertriebskonzeptes spielt. Was nützt es uns, wenn wir unser PR-Ziel vollständig erreichen, indem wir in sämtlichen großen Fernsehtiteln, Magazinen und sogar im Fernsehen selbst präsent sind, wenn die Vertriebsleitung mit der Korrektur des Vertriebskonzeptes in Richtung Kaufhäuser und Deko-Geschäfte nicht einverstanden wäre. In diesem Fall haben wir 100 Prozent erreicht, aber nur zu einem Bruchteil Markterfolg geschaffen. Das heißt also, die Verantwortung für den Erfolg und damit das Eintreten der Ziele kann nur für das über-

nommen werden, worauf die Kommunikation auch einen nachweislichen Einfluss hat.

- Ja, weil auch die uns zur Verfügung stehenden Mittel, das Etatvolumen und das Zeitbudget, eine Einschränkung der Zielsetzung des Kunden zur Folge haben müssen. Ist das Budget besonders gering, so dass mit Sicherheit ein Werbeauftritt mit Anzeigen, Plakaten oder Fernsehspots ausgeschlossen werden kann, müsste verständlicherweise das Versprechen einer hohen Bekanntheit in einem sehr kurzen Zeitraum deutlich eingeschränkt werden.

Merke: Ziele müssen an der Realität überprüft werden. Es ist die Verantwortung eines Beraters darauf hinzuweisen, wenn es Diskrepanzen zwischen den Vorgaben des Auftraggebers und der nachgewiesenen Realisierbarkeit gibt.

Zusammenfassung

Ziele sind inhaltlich und zeitlich definierte Endpunkte einer geplanten Entwicklung. Um erfolgsorientiert arbeiten zu können, muss sich jeder präzise, terminierte und möglichst messbare Ziele setzen.

Damit überprüfen wir die Wirksamkeit und den Erfolg des Konzeptes.

Die Ziele werden sinnvollerweise nach Phasen (kurz-, mittel- oder langfristig) oder Rang (generell/übergreifend, strategisch, taktisch) geordnet.

Was in allen Managementbereichen selbstverständlich ist, gilt auch für Public Relations: Nur wer genau weiß, wohin er will, kann zielführend arbeiten. Erst klare und realistische Ziele ermöglichen es, den Weg zu den Zielen festzulegen.

5 Zielgruppen
Wer Zwerge kauft und empfiehlt

In diesem Kapitel sprechen wir darüber, warum Zielgruppen nicht gleich Neigungsgruppen, Dialoggruppen oder Teilöffentlichkeiten sind. Wir klären, welchen Einfluss die privaten, beruflichen, familiären Rollen auf die Erreichbarkeit haben. Wir sprechen über Trennschärfe und Mittlerfunktionen, über externe und interne Zielgruppen.

Kleine Begriffsklärung vorweg

Dieses Kapitel „Zielgruppen" zu nennen, werden einige Leser als starke Vereinfachung empfinden. Da geistern viele Begriffe in der Kommunikationsfachwelt herum, entbrennen Grundsatzdiskussionen[18]. Wo kommen diese Begriffe her? Der Begriff „Zielgruppe" kommt ursprünglich aus dem Marketing. An die Absatzziele sind die Zielgruppen gebunden. Beate Schulz hat in ihrem Buch „Strategische Planung von Public Relations"[19] diesen Begriff als zu wenig kommunikationsorientiert abgelehnt. Sie redet von Teilöffentlichkeiten. Volker Nickel, seit vielen Jahren Vorsitzender des Deutschen Werberates, hat 1985 zum ersten Mal den Begriff „Dialoggruppen" ins Spiel gebracht. Auch in unserem Vorgängerwerk „Wie PR-Profis Konzeptionen entwickeln"[20] haben wir für diesen Begriff plädiert. Vor allem die Erfolge der großen Dialogkampagnen, wie beispielsweise die AIDS-Kampagne Ende der achtziger, Anfang

18 Vgl. u. a. Ansgar Zerfaß, Unternehmensführung und Öffentlichkeitsarbeit, Opladen 1996, S. 195ff. sowie Peter Szyszka (Hrsg.), Öffentlichkeit: Diskurs zu einem Schlüsselbegriff der Organisationskommunikaiton, Wiesbaden 1999.

19 Beate Schulz, Strategische Planung von Public Relations, Frankfurt am Main 1992.

20 Klaus Dörrbecker, Renée Fissenewert, Wie Profis PR-Konzeptionen entwickeln. Das Buch zur Konzeptionstechnik, 4. Auflage, Frankfurt am Main 2001 (Leseproben und Bestellmöglichkeit im Book-Shop: www.go-for-it.de).

der neunziger Jahre haben diesem Begriff eine besondere Bedeutung gegeben. Haben doch gerade diese Kampagnen das Selbstbewusstsein der gesamten Branche gestärkt, weil sie eindrücklich bewiesen haben, dass PR alles andere als ein „bisschen Pressearbeit" ist. Vielmehr haben kluge und auf dialogische Kommunikationsprozesse angelegte Strategien die Wirksamkeit von Public Relations nachhaltig unter Beweis gestellt. Damit war auch der Unterschied zur reinen Informationsarbeit, zum One-way-Prinzip geklärt.

Präzise betrachtet, meinen die Begriffe nicht dasselbe und sind deswegen keine Alternativen:

- *Teilöffentlichkeiten* bestehen aus Individuen, die aber als Öffentlichkeit konstituiert sind. Ihr individuelles Interesse steht damit hinter dem kollektiven Interesse, das den kleinsten gemeinsamen Nenner bildet, zurück. Teilöffentlichkeiten können sich vorübergehend oder für lange Zeit entlang soziodemografischer Kriterien bilden. Sie müssen nicht unbedingt auch Zielgruppen sein, können als Gruppe aber eine Rolle im kommunikativen Prozess spielen. Teilöffentlichkeiten sind Akteure im Meinungsmarkt.

Beispiel: Schrebergärtner; sie sind nicht die Käuferzielgruppe der neuen Zwergenserie, haben aber einen Einfluss auf das Meinungsbild von Gartenzwergen an sich.

- *Dispositions-, Neigungs- oder Interessengruppen* sind im Gegensatz dazu Individuen, die nicht als Öffentlichkeiten konstituiert sind, weil ihr individuelles Interesse zwar übereinstimmt, sie aber nicht zusammenführt.

Beispiel: all diejenigen, die einen jungen, modernen, poppigen Einrichtungsstil präferieren; diese Neigung ist in unserem Fall eine Voraussetzung dafür, zur Käuferzielgruppe für unsere Zwerge gehören zu können, genügt aber alleine nicht.

- *Zielgruppen* bezeichnen die Gruppen, die wir im Kern erreichen wollen. Diese Gruppe soll zustimmen, reagieren, handeln, sich interessieren, kaufen, sich informieren und Bescheid wissen. Je präziser die Zielgruppen im Konzept beschrieben sind, umso sicherer werden wir sie erreichen.

Beispiel: alle potenziellen Käufer der neuen Gartenzwergreihe, Paare und Singles im Alter von 20 bis 40 Jahren mit eigener Wohnung und geringem Bildungsniveau, Leserinnen und Leser von Bild der Frau, Bild, Wohnidee etc.

- *Dialoggruppen* fokussieren auf die Art der Kommunikation. Dialoggruppen sind also Zielgruppen, die wir mit dialogischen Mitteln, erreichen. Ursprünglich war damit personale Kommunikation, d. h. eine tatsächliche Begegnung gemeint, heute versteht man darunter auch Internetchats mit Dialoggruppen.

Beispiel: die Zielgruppe, wie vorher beschrieben, die wir aber vor Kaufhäusern, Einrichtungshäusern, Baumärkten an Informationsständen oder bei Einweihungsfesten für die neuen Zwerge interessieren.

Merke: Es geht bei der Definition der Empfänger unserer Kommunikation darum, sich möglichst präzise klar zu machen, wen wir im Kern erreichen wollen, welche sonstigen Akteure wir in unseren Meinungsmärkten berücksichtigen müssen und welche Zugänge wir benutzen. Zielgruppen, Dispositions-, Neigungs- oder Interessengruppen, Teilöffentlichkeiten und Dialoggruppen meinen nicht dasselbe. Ihre Benennung ist eine Vorentscheidung über Kommunikationsinstrumente und die Ausrichtung einer Kampagne.

Definition und Funktion von Zielgruppen

Was soll und kann die Benennung von Zielgruppen leisten? Im Konzept sollte differenziert dargestellt sein, welche Personen oder Gruppen angesprochen werden. Es reicht meist nicht, Gruppen global zu benennen. Je genauer wir hier sind, desto leichter fällt es hinterher auch, Maßnahmen zu entwickeln, die „treffsicher" sind. Im „Handbuch PR"[21] liest sich das folgendermaßen: „ (...) Um Zielgruppen möglichst individuell

21 Günther Schulze-Fürstenow, Bernd-Jürgen Martini, Handbuch PR, Öffentlichkeitsarbeit in Wirtschaft, Verbänden, Behörden, Grundlagen und Adressen; Loseblattsammlung in zwei Bänden, Neuwied 1994 Band 1, Abschnitt 0.600, Seite 29.

anzusprechen, die zu vermittelnden Informationsinhalte verständlich zu machen, sollten Zielgruppen möglichst trennscharf differenziert und beschrieben werden."

Im Idealfall wird aus der Formulierung schon die *Erreichbarkeit* der jeweiligen Gruppe erkennbar. Das ist das besondere:

- Wenn wir zum Beispiel „Nur-Hausfrauen mit schulpflichtigen Kindern" ansprechen wollen, empfehlen sich automatisch auch bestimmte Medien, die diese Frauen lesen. Man wird sie über Elterninitiativen, Sportvereine, Musikschulen erreichen. Man trifft sie in Einkaufzentren, Volkshochschulen und bei Verbraucherberatungen an.
- Haben wir als Zielgruppe die Mitarbeiter eines bestimmten Tochterunternehmens am Standort xy identifiziert, so werden die Zugangswege lauten: standortbezogene Seiten in der Mitarbeiterzeitschrift oder im Intranet, schwarzes Brett, Kantine, Betriebsausflüge oder Weihnachtsfeier vor Ort.

- Käufer für den Hantelzwerg können alle 20- bis 40-jährigen Fitnessstudiobesucher in ländlichen Regionen sein. Damit lautet der Zugangsweg „Studios" und „Sportgeschäfte" in Orten unter 10.000 Einwohner.

Noch treffsicherer wird es, wenn wir uns deutlich machen, dass Menschen multiple Rollen haben, in denen wir sie ansprechen können, wobei einige Rollen geeignet sind und andere nicht, um unsere Botschaft aufzunehmen – sie liegen manchmal meilenweit auseinander.

- Ein Jugendlicher will als Diskothekbesucher Gleichaltrige beeindrucken und fährt in übertriebener Geschwindigkeit mit Alkohol am Steuer durch die Nacht. Als Schüler der Oberstufe vertritt er im Sozialkundeunterricht die Ansicht, dass verantwortungsvolles Handeln im Straßenverkehr von allen gefordert werden müsse. Als Enkel seiner Großmutter ist er ein rücksichtsvoller bedächtiger „Sonntagsfahrer".
- Die Pressesprecherin einer Bank verarbeitet und vermittelt täglich vielfach Sach-Informationen und beweist diplomatisches Geschick. Ihre Leidenschaft ist Gobelinstickerei. Als Hobbystickerin erfreut sie sich am Einfachen, an Farbe, Material und Muster.

- Herr Brand von der Garten & Schmuck GmbH ist ein Mann der neuen Managergeneration. Jung, dynamisch, leger-chic gekleidet, wortgewandt. Sein Vater sammelt Gartenzwerge, die ganz traditionellen. Und wenn Herr Brand Sohn seiner Eltern ist, dann liebt er Schrebergärten und hilft mit, Johannisbeerbowle zu machen.

Nicht immer sprechen wir unsere Zielgruppen in nur einer Rolle an. Interessant wird es, wenn die widersprüchlichen Rollen einer gleichen Person unter „Zielgruppe" stehen. Nehmen wir das Beispiel Wassersparen. Da sagt der Bürger in uns „Jawohl, Wassersparen muss sein, ist gut und verantwortungsvoll. Die armen Frösche." Der Verbraucher in uns lässt trotzdem das Wasser laufen, duscht täglich, badet gerne, wäscht mit Vorwaschgang, lässt das Wasser beim Zähneputzen laufen, hat keine regulierbare Klospülung und kauft doch lieber die billigere Spülmaschine, die 10 Liter mehr verbraucht. Im Falle einer Wassersparoffensive muss der Bürger in uns also den Verbraucher in uns überzeugen. Und der ruft montags bei der Rechnungsstelle der Wasserwerke an und beschwert sich, weil er gar nicht einsehen kann, warum das Wasser teurer und sein Verbrauch höher geworden ist.

Ein anderes Beispiel ist die Differenzierung von Zielgruppen bei unternehmensinterner Kommunikation. Da kann es durchaus heißen: Vorstand, Führungskräfte und Mitarbeiter am Standort xy. Natürlich ist zum Beispiel der Marketingdirektor Führungskraft und Mitarbeiter.

Merke: Die gleichen Menschen können in Bezug auf das gleiche Thema aus ihrer unterschiedlichen Rolle heraus unterschiedliche Haltungen entwickeln. Deshalb erreichen wir sie über unterschiedliche Zugänge.

Differenzieren und Priorisieren von Zielgruppen

Nicht immer sind alle Zielgruppen gleich wichtig. Prioritäten sollten erkennbar werden.

Die Zielgruppe „20- bis 40-jährige Kunden von niedrig- und mittelpreisigen Einrichtungshäusern“ hat in unserem Falle höhere Priorität als „Fitnessstudiobesucher in ländlichen Regionen“. Der Kaufimpuls wird hier nicht nur ausgelöst, sondern bedient und das Einrichtungshaus ist ein Verkaufskanal für alle vier Zwergtypen.

Wie kleinteilig und umfassend Zielgruppen benannt werden, hängt vom Auftrag ab.

- Es kann sein, dass es sich um einen Fall von Mikromarketing handelt, in dem ein Pharmahersteller wegen eines Produktfehlers alle Kinderärzte in Nordschwaben erreichen muss, die Allergikernahrung verschreiben und zugleich alle Apotheker im selben Gebiet.

Die Operationalisierbarkeit unseres Konzeptes mit den Zwergen würde durch eine zu kleinteilige Ausdifferenzierung dagegen nicht gewinnen, weil wir zum Erfolg, das heißt zur breiten Bekanntmachung und Akzeptanzsteigerung und schließlich zum Abverkauf, die 20-bis 40-Jährigen deutschlandweit in gleicher Weise erreichen müssen. Es muss in dieser Gruppe ja ein regelrechtes „Klima pro Zwerge“ entstehen. Die potenziellen Fans sollen und müssen in der Kampagne also voneinander wissen und sich im Zwergenfieber verbunden fühlen.

Merke: Bei der Ordnung der Zielgruppen ist es sinnvoll, sie nach ihrer Bedeutung zu priorisieren und den Grad der Ausdifferenzierung immer von der Aufgabe abhängig zu machen.

Die Sprache der Zielgruppe

Und noch ein trifftiger Grund spricht für eine sorgfältige Zielgruppendefinition. Das sind die kommunikativen Botschaften, die wir im Anschluss (siehe Kapitel 6 „Positionierung und Botschaften") formulieren müssen. Sie sprechen nicht Konzept-Sprache, sondern treffen bereits die Tonlage, die Wortwahl, den inhaltlichen Blickwinkel derjenigen, die wir so erreichen wollen. Schrebergärtner sprechen nicht wie Edelmänner, F.A.Z- nicht wie taz-Leser, Makler nicht wie Mieter.

Die vorweggenommene Sprache weist den Weg. Ihre Grundlage ist die Differenziertheit. Demnach ist die Zielgruppendefinition „alle" zumindest problematisch. Auch wenn es vorkommt, dass sehr große Gruppen die Zielgruppe bilden – es gibt immer ein verbindendes Interesse, eine Funktion oder Aufgabe. Eine deutschlandweite Kampagne zur Wahlbeteiligung muss notwendigerweise die Zielgruppe „alle Wahlberechtigten in Deutschland" haben und ist so zumindest lokal und funktional begrenzt, wenn die Zielgruppe auch groß ist. Wenn die Kampagne wirkungsvoll sein soll, muss sie in der Operationalisierung jedoch differenzierter werden. Denn: der Jungwähler soll zur Urne gehen und so überzeugt sein wie der gestandene Parteigenosse oder die notorische Nicht-Wählerin. Eine Sache – drei Sprachen.

Merke: Zielgruppen müssen genau und trennscharf definiert werden – auch deshalb, weil wir nur den erreichen, dessen Sprache wir sprechen.

Strukturierungshilfen bei der Zielgruppendefinition

Es gibt einige Strukturierungsmöglichkeiten bei der Definition von Zielgruppen. Welche sinnvoll sind, hängt – wie zuvor gesagt – von der Aufgabe und der Art des Konzeptes ab:

- *demografische oder soziodemografische Kriterien:* Das sind Geschlecht, Alter, Haushaltsgröße, Beruf, Ausbildung, Wohnort, Familienstand etc.
- *Lebensstile:* Das heißt, Menschen und Gruppen entlang ihrer Einstellungen, Nutzenerwartungen, Lebensgewohnheiten, Vorlieben und ihres Konsumverhaltens zu differenzieren.

- *Mediennutzungsverhalten:* Das sind Haltungen, Meinungen und Kommunikationsgewohnheiten.
- *Funktionale Zugehörigkeit:* Das ist eine formelle Zuordnung zu klar identifizierbaren Gruppen, also Mitarbeiter eines Unternehmens, Verbandsmitglieder, Vereinsmitglieder, Aktionäre oder politische Entscheidungsträger.
- *Betroffenheit und Problembewusstsein:* Je nach dem Grad der Betroffenheit und dem Problembewusstsein enstehen latente, bewußte oder aktive Teilöffentlichkeiten, die die Handlungsfähigkeit des Unternehmens beeinflussen können.[22]

Ob man diese Strukturierungshilfen alle gleichzeitig nutzt oder nur eine Kategorie gebraucht, hängt wieder einmal von der Sinnfälligkeit des Vorgehens ab.

Zum Schluss noch ein Hinweis. Die wertvollste Strukturierungshilfe ist eine gute Analyse. Wenn wir dort schon deutlich machen, wer wie über das Unternehmen, das Produkt, die Marke, das Thema denkt und was die jeweilige Zielgruppe zum Kauf, zur Akzeptanz, zur Meinungsänderung motivieren könnte, tun wir uns in der Definition der Zielgruppen an dieser Stelle deutlich leichter.

Ergebnis unserer Analyse war, dass Schrebergärtner kaum Interesse an der neuen Zwergenreihe haben dürften und somit höchstens eine Teilöffentlichkeit sein können. Deswegen wissen wir jetzt ganz sicher, dass unsere Hauptzielgruppe die 20- bis 40-Jährigen sind.

Merke: Es gibt Strukturierungshilfen bei der Bestimmung von Zielgruppen: demografische und soziodemografische Kriterien, Lebensstile, Mediennutzungsverhalten, funktionale Zugehörigkeit, Betroffenheit und Problembewusstsein. Das heißt nicht, dass diese Strukturierungsmerkmale nur getrennt voneinander für die Beschreibung von Zielgruppen genutzt werden können.

---

22 Vgl. James E. Grunig und Todd Hunt, Managing Public Relations, New York 1984, S. 145.

Zweistufige Kommunikation

Kommunikation oder die Arbeit in und mit Öffentlichkeiten hat immer zum Ziel, dass Menschen ihre Haltung im Sinne des Auftraggebers oder im Sinne der definierten Ziele überdenken, ändern, dass sie zustimmen, dass sie einverstanden sind und dass sie etwas kaufen. Dazu muss man sie und ihre Meinungen kennen, sie erreichen, sie informieren, sie überzeugen. Nicht immer ist der Absender einer Botschaft auch derjenige, auf den die Individuen einer Zielgruppe hören würden, der die überzeugende Glaubwürdigkeit hat, zu Einverständnis oder gar einer Meinungsänderung beizutragen. Selten ist der Produkt-Packshot im Werbespot oder das Wahlplakat eines Politikers allein der Auslöser dafür. Ob Werbung, Public Relations oder personale Kommunikation – in allen Fällen bedienen wir uns Mittler- und Empfehlerfiguren, um näher und überzeugender zu sein. Dieses Vorgehen nennt man zweistufige Kommunikation.

Solche Mittler sind:

- *Testimonials:* Das sind die vielen scheinbar privaten Köpfe und Gesichter, die für die Margarine sprechen oder den Reiseveranstalter loben. Sie sind der Zielgruppe wie aus dem Gesicht geschnitten und sie ermöglichen, dass man sich mit ihnen identifiziert.
- *Prominente Vorbilder:* Sie sind Hingucker, weil alle sie kennen. Darüber überzeugen sie. Wenn Boris Becker AOL empfiehlt, Verona Feldbusch den Spinat mit dem Blubb und Karl-Heinz Böhm zu Spenden aufruft, dann wird die kleine Starallüre in mir geweckt und ich bin eher geneigt, dasselbe zu konsumieren oder dem Appell zu folgen, als wenn der Provider ganz mittlerlos an mich getreten wäre. Nicht umsonst führen Prominente die meisten Tombolas an.
- *Personen mit professioneller Autorität oder Glaubwürdigkeit:* Das sind Personen, die kraft ihres Amtes überzeugen: der Arzt um die Ecke, der Pfarrer im Dorf, der Bürgermeister, der Bundeskanzler, mein Chef, ein Rechtsanwalt, ein Lehrer oder Professor. „Fragen Sie Ihren Arzt oder Apotheker....“.
- *Kunstfiguren:* Dr. Best, Herrn Kaiser und den Marlboro-Man gibt es nicht. Aber jeder kennt sie und viele folgen ihren Empfehlungen. Ihre Inszenierung setzt einen enormen Werbedruck voraus, den man mit anderen Mitteln nicht herstellen kann.

- *Opinion Leader:* Das ist die spannendste Gruppe, weil man sie nicht einfach benennen kann und sie sich nicht formal identifizieren läßt. Jeder kann einer sein: die Gemeindeschwester, der man mehr glaubt als allen Ärzten, der unscheinbare Fließbandarbeiter, dem die Kollegen mehr glauben als dem Betriebsrat, der Nachbar, der das Meinungsbild einer ganzen Straße mehr prägt als es der Bürgermeister je schaffen würde und das Verbandsmitglied, das einen direkten Draht zum Präsidenten hat.
- *Fashion Leader oder Trendsetter:* Mitmenschen, die begierig auf alles Neue sind. Sie wissen was hip ist noch bevor es allerorten nachzulesen ist. Sie setzen Maßstäbe, machen Trends und animieren dann hunderttausende von Konsumenten zum Nachahmen.
- *Heimliche Entscheider:* Das sind große Gruppen von Menschen, auf die sich andere gerne verlassen. Frauen kaufen den überwiegenden Teil der Kleidung für Männer, fast jede Frau hat eine beste Freundin, auf deren Rat sie sich verlässt, und das Phänomen der männlichen Stammtische ist ein Garant für die Verbreitung von Wissen und Weisheiten.

Die wohl wichtigste PR-Mittlerzielgruppe sind Redaktionen bzw. Journalisten, die dahinter stehen. Es gilt, zu identifizieren, welche Medien für die Zielgruppen, die wir hier in Unterscheidung zu den Mittlern Endzielgruppen nennen, wichtig sind. Den Schwarz-auf-Weiß-Beleg für Zielgruppengenauigkeit liefern die Leserschaftsprofile in den Mediadaten. Zimpel, Stamm und etliche Adress- und Organisationsverzeichnisse, die mittlerweile auch meist online und damit aktueller als früher zur Verfügung stehen, helfen bei der Benennung von Medienmittlern.

Die Erkenntnis, dass zweistufige Kommunikation wirkungsvoll und effektiv ist, ist nicht neu.[23] Bereits in den dreißiger Jahren haben sich amerikanische Studien mit diesem Aspekt der Kommunikation auseinander gesetzt. Professionelle Kommunikatoren benötigen Stützpunkte und Verstärker für ihre Botschaften. Sie brauchen Verbündete, die ihre Informationen, ihre Story, ihr Anliegen in den einzelnen Zielgruppen kommunizieren und um Verständnis werben. Klaus Dörrbecker nannte diese Partner der Kommunikation „Relaisstationen“ zwischen dem Sender der Botschaft und dem Empfänger der jeweiligen Zielgruppe.

23 Vgl. u. a. Michael Schenk, Medienwirkungsforschung, Tübingen 1987.

Was wären die Mittlerzielgruppen für unsere neuen Gartenzwerge?

Multiplikatoren:

- Junge Vorzeigepaare und Singles (Testimonials)
- beratende Verkäufer in Einrichtungshäusern, Kaufhäusern und Baumärkten (Personen mit professioneller Autorität oder Glaubwürdigkeit)
- junge angesagte Volks- und Popmusiker, Soapstars, Fußballspieler, Rennfahrer und ihre Frauen, TV-Moderatoren (Prominente)
- junge Frauen und Freundinnen (Heimliche Entscheider)

Medien:

- alle Frauenzeitschriften für die Altersgruppe der 20- bis 40-Jährigen mit geringerem Bildungsniveau
- alle großen regionalen und überregionalen Tages- und Wochenzeitungen für Leserschaft mit geringerem Bildungsniveau, besonders die Ressorts Bauen, Wohnen, Hobby, Sonderbeilagen
- TV-Zeitschriften
- Illustrierte
- Anzeigenblätter
- Kundenzeitschriften der Einrichtungshäuser, von Baumärkten und den Lebensmittelketten in ländlichen Regionen, also Edeka, Rewe, Schlecker, Bäckerblume oder Fleischerzeitung
- Special-Interest-Medien: Hobby, Fußball, Fitness, Rätselhefte, Haustiere, Auto, Motorrad, Sammlermagazine
- entsprechende Internetseiten

Merke: Zweistufige Kommunikation erhöht in vielen Fällen die Überzeugungskraft der Botschaften. Dazu gehören Medienzielgruppen, Testimonials, Personen mit professioneller Autorität und Glaubwürdigkeit, Kunstfiguren, Opinion Leader, Trendsetter und Heimliche Entscheider.

Zusammenfassung

Ohne die präzise Bestimmung der Zielgruppen wissen wir nicht, mit wem wir kommunizieren wollen, auf wen wir unsere Maßnahmen, unsere Inhalte und unsere Sprache abstimmen müssen.

Zielgruppen sind nicht Teilöffentlichkeiten und auch nicht Dialoggruppen. Die einen müssen wir direkt erreichen, die anderen nur berücksichtigen, wenn wir Öffentlichkeit in aller Komplexität in das Konzept einschließen.

Menschen haben viele Rollen. Es kommt darauf an, dass wir sie in der richtigen Rolle ansprechen. Nicht alle Rollen sind gleich wichtig. Immer geht es darum, am Ende Treffsicherheit durch eine sprachliche Übersetzung zu erreichen.

Bei der Strukturierung können wir uns an demografischen, lebensstilrelevanten oder funktionalen Kriterien orientieren. Dies sind jedoch keine Ausschlussfaktoren.

Eine bedeutende Zielgruppe, die in keinem Konzept fehlen darf, sind die Mittler. Über sie stellen wir die nötige Überzeugungskraft her. Medien, Testimonials, Prominente, Autoritäten qua Profession, erfundene Figuren, Opinion- oder Fashion Leader oder auch Heimliche Entscheider verbreiten in der zweistufig angelegten Kommunikation unsere Botschaften.

6 Positionierung und Botschaften Warum Gartenzwerge zu Bambis und Zierspringbrunnen gehören

In diesem Kapitel geht es um die Inhalte einer Kampagne, wie man sie bestimmt und was wir mit ihnen erreichen. Es geht um Profilgewinn und Zielqualität, um die Frage wie es sein kann, dass man sich zwischen so vielen Waschmitteln und Schokoladen doch für eine entscheidet. Es geht um das Wesen der Dinge oder vielmehr darum, was das Ding in den Köpfen derjenigen, die es wollen sollen, sein soll. Was macht es so einmalig? Und weil auch der altehrwürdige Gartenzwerg ein solches Wesen mit seinen Wesensmerkmalen ist, über die sich viele Köpfe einig zu sein scheinen, beginnen wir dieses Kapitel mit einer Betrachtung über die Zwerge, ihre Nischen im Garten und im Gartenmarkt und die Frage, warum der neue Zwerg ein anderer sein kann.

„Jemand sagte einmal: Die meisten Menschen überleben das Alte. Die meisten Menschen überleben auch das Neue. Das mörderische ist nur der Übergang."[24]

Jetzt mal ehrlich: Gartenzwerge sind doch eigentlich keine besonders flexiblen Geschöpfe. Ihr Marktsegment ist und bleibt der Schrebergarten oder der Vorgarten im Vorort von vorgestern. Hier führen sie zwischen Zierspringbrunnen, Bambis und Keramikfröschen ein zwar buntes, aber auch recht genügsames Dasein. Trotzdem haben sie eine wichtige Funktion auszufüllen: Sie zeigen nämlich in ihrer bemützten Pracht und dem immer gleichen schalkhaft-ältlichen Grinsen, dass ihr Besitzer ein Gartenzwerg-Liebhaber ist und nicht gerade auf englischen Rasen, schattige Weiden und Porzellan-Windhunde steht. Das bedeutet zugleich: Man kann Gartenzwerge nicht über Nacht gewissermaßen umdefnieren und etwa zu hippen Symbolträgern der

24 Trout Jack, Rivkin, Steve; New Positioning, Das neueste zur Business-Strategie Nr.1, Düsseldorf 1996.

Subkultur oder zu Statussymbolen in der Gartenanlage des Topmanagers machen. Das wäre in den Augen ihrer traditionellen Besitzer Missbrauch. Klassische Gartenzwerge aus wettertrotzendem Plastik werden niemals die ökologisch bewusste junge Mutter in Freudentaumel versetzen und in Konkurrenz zur garantiert vollkommen unbehandelten Holzeisenbahn des Juniors treten können. Sie werden wohl kaum den nötigen Farbklecks in die gestylte Altbauwohnung des Designkenners bringen und sie werden auch nicht das Maskottchen des knallharten Triathlonteams, das nach jedem Etappensieg auf dem Siegertreppchen stolz hochgehalten wird. Gartenzwerge, so wie wir sie kennen, können eben nicht alles. Sie stellen das dar, was sie schon immer dargestellt haben. Den Frohmut und das Traditionsbewusstein des Kleingärtners. Sie sind farbige Gefährten in einem heimlichen und heimeligen Mikrokosmos, den sie auch ein bisschen beschützen. Das ist ihre Kernbestimmung. Darin macht ihnen keiner etwas vor. Das ist ihre Positionierung. Können sich Zwerge mit Handys und Handtaschen davon emanzipieren? Wir werden sehen.

Eine bestehende Positionierung ist die Summe der Botschaften

Der traditionelle Zwerg, der bunte mit der Schubkarre oder der Laterne, zeigt vorerst eines deutlich: Erst wenn viele und ganz bestimmte Gruppen von Menschen, die Zielgruppen, eine klare und im Prinzip übereinstimmende Vorstellung, Meinung oder Überzeugung von ihm haben, ist ein Zustand erreicht, der dem Gartenzwerg seinen Platz oder seine Position zuweist. Die Summe aller Botschaften, die in den Köpfen über die Zwerge angekommen und dort nunmehr vorhanden sind, bildet im Resultat die Positionierung.

Das ist keineswegs ein Phänomen, das der Zwerg für sich gepachtet hat. Alle Unternehmen, alle Organisationen, alle Projekte, seien sie politischer oder privater Natur, alle Produkte, ja sogar einzelne Personen sind positioniert. Sie haben einen Ruf, wie Franz Beckenbauer den des Kaisers. Und der Ruf entsteht, weil mit großer Sicherheit jeder auf die Frage: Wer ist Franz Beckenbauer auch den „Kaisertitel" nennen würde. Und dementsprechend ist ein Fußballer, der in der Nationalmannschaft unter Teamchef Beckenbauer Europameister geworden ist, auch nicht irgend ein Europameister, sondern ein Kaiser-Meister. Dem Besitzer des Gartenzwerges geht es nicht anders. Sein kleines buntes Zwergenreich positioniert ihn, weil es ihn von einem anderen Gartenbesitzer abgrenzt. Die Botschaft ist angekommen.

In unserem Konzept sind Botschaften die zu vermittelnden Kommunikationsinhalte. Sie haben einen unterschiedlichen Differenzierungsgrad – je nach Aufgabe und Unterschiedlichkeit der Bewusstseinslage der Zielgruppen. Dachbotschaften sind diejenigen Aussagen in der Positionierung, die in allen Köpfen als zentrales Bild vorherrschen. Davon leiten sich nachgeordnete Teilbotschaften ab, die die kulturellen, wirtschaftlichen oder gesellschaftlichen Unterschiede der Zielgruppen berücksichtigen. Das geschieht durch sprachliche und argumentative Differenzierung wie im folgenden Abschnitt erläutert wird.

Differenzierung heißt nicht, dass sich Teilbotschaften widersprechen dürfen. Sonst hätten wir einen Zwitter. Wenn der alte Gartenzwerg für die liebevoll gehegte Kleingartenlandschaft steht und in dieser Nische auch bleiben soll, stört eine Präsentation im Hochglanz- und Hochpreismagazin des Kreditkartenanbieters beispielsweise diesen Ruf erheblich. Und nicht nur das Medium stört den Zwerg, er stört auch das Medium. Auf solche Störungen kommen wir später noch zu sprechen.

Merke: Aus der Summe aller Botschaften, die in den Köpfen vorhanden sind, resultiert die Positionierung. Botschaften sind das, was die Zielgruppen denken sollen. Im Kommunikationskonzept sind dies die zu vermittelnden Kommunikationsinhalte. Auch bei unterschiedlichen Zielgruppen dürfen hier keine Widersprüche entstehen.

Eine Positionierung ist eine klare Entscheidung

Der alte Gartenzwerg, der seinen Dienst in deutschen Gärten schon lange tut, ist in den Köpfen der Menschen bereits vorhanden und positioniert. Mark Brands neue „Zwergengeneration“ tritt aus dem Positionierungsraum der Gartenzwerge heraus, hat aber noch kein eigenes Terrain. Bevor sie überhaupt in den Markt eintreten, müssen wir sie von ihrem Zwitter-Dasein im Besprechungsraum der Garten & Schmuck erlösen und ihnen eine klare Positionierung mit auf den Weg geben. So sichern wir ihr Überleben. Wir treffen im Konzept an dieser Stelle eine folgenschwere Entscheidung, denn wir legen uns damit fest.

Die neue Positionierung muss von dem Potenzial, das wir in der Analyse herausgearbeitet haben, getragen werden – ist also keinesfalls beliebig. Meist ist der Korridor, der aus den Schlussfolgerungen resultiert, sogar so eng, dass eine wirkungsvolle Abgrenzung beim Formulieren Präzisionsarbeit ist. Die neuen Zwerge können – wie wir wissen – einerseits keine Gartenzwerge sein und andererseits aufgrund ihres Aussehens ihre Herkunft aber nicht verleugnen.

Merke: Eine Positionierung ist eine Entscheidung über einen sicheren Platz im Markt, die vorher nicht vorhanden war. Sie hängt vom Potenzial ab, das in der Analyse herausgearbeitet wurde.

Wie formuliert man eine Positionierung?

Wenn eine Positionierung der inhaltliche Ausdruck der Alleinstellung eines Unternehmens, einer Organisation, eines Produktes oder eines Projektes ist, dann meint das: Die Positionierung präzisiert den angestrebten inhaltlichen Kommunikationsstatus. Sie ist ein interner Beschluss, keine Aussage, die exakt in dieser Formulierung nach außen gehen wird, kein Sloganvorschlag also. Sie muss entsprechend kurz gehalten werden. Denn das Fokussieren auf die Alleinstellungsmerkmale führt im Ergebnis dazu, dass beispielsweise Produktmarken aus Sicht der Verbraucher unterscheidbar werden, auch wenn sie sich in ihrer Kernfunktion keinesfalls unterscheiden. Alle Waschmittel waschen, Schokolade schmeckt nach Schokolade, ist ein Genuss und wegen der Kalorien eine kleine Sünde. Genau genommen ist es irrelevant, welches Waschmittel ich verwende oder welche Schokolade ich genieße. Es gibt aber Varianten über Varianten, Preisunterschiede, Verpackungsunterschiede und Produktnamen. Sie ermöglichen es, *das* Produkt auszuwählen, das zum eigenen Lebensstil passt. Denn die Produktmerkmale jenseits der Funktion sind Gestalt gewordener Ausdruck der vorgenommenen Positionierung. Will ich sparen? Will ich bewährte Qualität zu höherem Preis? Will ich einen guten Namen? Vertraue ich dem Namenlosen? Möchte ich Umweltbewusstsein praktizieren? Verpackung sparen? Was hat bei mir oberste Priorität? Was wird später der übergreifende Grund sein, warum die bereits definierte Zielgruppe zugreift, „Ja" sagt, nachfragt, mitmacht? Die Positionierung muss es sagen. Eindeutig und unzweifelhaft. Deswegen ist die Verwendung von Superlativen hier ein nicht nur berechtigtes, sondern vielfach sogar zwingendes semantisches Ausdruckmittel.

Wir sagen präzise, wofür unsere neuen Zwerge stehen:

Die Zwerge der Garten & Schmuck GmbH sind Heimzwerge.

Sie verbinden als einzige Deko-Objekte die Schutzfunktion des traditionellen Gartenzwerges mit dem modernen Anspruch an Wohnen und Leben.

Sie sind Gefährten einer jungen Generation und fungieren als deren gute Hausgeister. Sie markieren eine neue Gattung von Maskottchen.

Sie interpretieren die Lebenshaltung nach Sicherheit und Beschütztheit neu. Der Rückzug ins Private, raus aus dem öffentlichen Raum des Gartens, zeugt von einer neuen kleinbürgerlichen Toleranz. Er markiert den Wertewandel des neuen aufgeschlossenen Kleinbürgertums.

Das bedeutet:

Sie sind keine Zwerge für den Garten, bringen aber die Heimeligkeit des Kleingartens in die Wohnung.

Sie sind keine Revoluzzer, sie polarisieren nicht. Sie bestätigen nur das, was sich im Wunsch nach Sicherheit und Beständigkeit verändert hat.

Sie bilden, genauso stark wie der traditionelle Zwerg, die Lebenswelten ihrer Besitzer ab, die sie beschützen. Die Zwerge und ihre Besitzer sind sich ähnlich.

- Der Begriff „einzige“ formuliert die Ausschließlichkeit. Kein anderes Objekt von denen, die wir als Wettbewerber identifiziert haben, kann ihnen damit in die Quere kommen.
- Wir haben in mehreren präzisen Hauptaussagen ihre Funktion für die Zielgruppe erklärt.
- Wir haben in Nachsätzen mögliche Missverständnisse ausgeräumt. Denn wir wissen, dass der gesamte Vertrieb später eine eindeutige Anleitung für den Verkauf erhalten muss. Deswegen sind wir hier besonders ausführlich.
- Keiner der Sätze eignet sich als Slogan!

Das Vorgehen, das hier anhand eines Produktbeispiels erläutert wurde, gilt in anderen Fällen genauso für die Positionierung von Unternehmen, Themen, Dienstleistungen oder Problemlagen. Das bedeutet, man muss sich immer im Klaren darüber sein, was genau positioniert werden muss. Das Unternehmen Garten & Schmuck wird in unserem Beispiel nicht positioniert, weil die Unternehmensmarke hinter der Produktmarke zurücksteht und insofern keine Bedeutung für die Vermarktung der neuen Heimzwerge hat.

Die Qualität einer Positionierung bemisst sich an ihrer Tragfähigkeit, das heißt, ob sie angenommen werden kann und in den Kommunikationsmärkten funktioniert. Gut oder schlecht erweist sich immer als tragfähig oder nicht im Hinblick auf Wettbewerb und eigenes Potenzial.

Merke: Die Positionierung präzisiert den angestrebten inhaltlichen Kommunikationsstatus der Organisation, des Produktes, des Themas. Sie wird im Korridor zwischen Eigenschaften des Wettbewerbs und dem eigenen Potenzial präzise herausgearbeitet. Was positioniert wird, hängt von der Aufgabenstellung ab. In jedem Falle lässt sich die Qualität der Positionierung an ihrer Tragfähigkeit messen.

Botschaften sprechen die Sprache der Zielgruppen

Trotz der Anforderung einer inhaltlich gleichartigen Darstellung lässt sich nichts daran ändern, dass unterschiedliche Menschen unterschiedlichen Kulturen angehören und daher unterschiedliche Sprachen sprechen. Die Formulierung der Positionierung ist Konzeptsprache. Die Formulierung der Botschaften, die danach erarbeitet werden, greift jedoch die Sprache der Zielgruppen auf. Was würden sie denken oder reden, falls sie sich nach erfolgreichem Abschluss der Kampagne zu den Heimzwergen äußern sollten? Sich das vor Augen zu halten, ist eine Formulierungshilfe. Unzweckmäßig wäre es jedoch, hier bereits veröffentlichungsfähige Texte anstelle von inhaltlich relevanten Aussagen zu formulieren. Headlines, Slogans, Plakattexte sind spätere Ableitungen aus den Botschaften. Die Botschaften sind im Konzept an dieser Stelle lediglich als inhaltlicher „Steinbruch" zu begreifen, aus dem sich über Wochen, Monate und zum Teil Jahre, die Umsetzung unserer Kampagne speisen soll.

Es ist eine große Leistung, diese Botschaften zu bestimmen und in ihrer lebensweltlichen Differenziertheit so darzustellen, dass die Haltung klar ersichtlich wird. Damit wird die Zielqualität, also die Sicherheit, mit der die Botschaften jeweils angenommen werden können, erheblich erhöht.

Wir erinnern uns:

Die Garten & Schmuck GmbH bringt bald die neue Zwergenserie heraus. Wir haben unterstellt, dass sie in ihrer Farbgebung den Geschmack einer jungen Zielgruppe der 20- bis 40-Jährigen treffen. Wir haben weitere Zielgruppen definiert: die Verkäufer in Baumärkten, Kaufhäusern und Einrichtungshäusern, die Presse als Mittler und andere. Die Botschaften über den neuen Zwerg unterscheiden sich auch nach diesen Funktionen:

Die 20- bis 40-Jährigen sollen denken:

„Gartenzwerge sind ja spießig. Würde ich mir nicht anschaffen. Die neuen Zwerge sind jung, frech und modern. So wie ich´s sonst auch gerne mag. Die passen zu unserer Einrichtung. Die verbreiten da gute Laune, sind unsere Maskottchen und gehören zu uns."

Die Verkäufer in Baumärkten, Kaufhäusern und Wohnaccessoireabteilungen sollen denken:

„Die Heimzwerge sind eine witzige Abwechslung im Sortiment und werden besonders von jungen Leuten gut angenommen, weil sie in deren Wohnung passen und da einen jugendlich frischen Eindruck machen. Der alte Gartenzwerg hätte bei denen ja keine Chance gehabt. Die aber kann man jetzt gut als Hausgeister empfehlen."

Die Presse soll sagen:

„Die neuen Zwerge sind ein Trend. So etwas hat es vorher nicht gegeben. Ein kleiner Zwergenaufstand? Oder nach Jahren endlich der Durchbruch des Gartenzwerges in die junge gute Stube? Interessant."

Junge Prominente sollen sagen:

„Ich bin Fan dieser Zwerge. Und meine Fans erkennen daran, dass ihr Maskottchen auch meines ist. Wir bleiben zusammen."

Die Wettbewerber sollen sich ärgern, dass sie nicht selbst auf die Idee gekommen sind!

Merke: Auch wenn die Kommunikationsinhalte übereinstimmen, sprechen unsere Zielgruppen in aller Regel nicht die gleiche Sprache. Zur präzisen Darstellung ihrer jeweiligen Haltung im Konzept greifen wir bestenfalls das Sprachspezifikum auf, das aus dem Lebenskontext resultiert: Ob Familienstand, Beruf oder Einkommen – alles, was das Zielgruppenprofil bildet, entscheidet mit über die Aussage. Allerdings soll mit der sprachlichen Annäherung noch kein Slogan oder veröffentlichungsfähiger Text formuliert werden. Die Botschaften im Konzept sind vielmehr die Ressource, aus der die Kommunikation sich im Anschluss inhaltlich und formal speist.

Nicht positionieren geht nicht!

Ohne die Botschaften und die daraus entstehende Marktstellung wäre der gute alte Gartenzwerg also schlicht und ergreifend nicht vorhanden. Umgekehrt ist aber auch klar, dass in dem Moment, wo nur ein einziger Zwerg existiert, automatisch über ihn kommuniziert werden wird. Hier greift das Phänomen: nicht kommunizieren geht nicht. Das bedeutet, der Gartenzwerg würde, sobald man sich seine Funktion zu erklären versuchte, automatisch zu einer Bestimmung gelangen und somit mit Botschaften und einem festen Platz belegt. Eine Nichtpositionierung ist aufgrund dieses Phänomens gewissermaßen ausgeschlossen. Auch ungesteuert kann eine Positionierung entstehen. Das nur am Rande, denn in unserem Falle ist die konzeptionelle Steuerung ja vorrangig.

Merke: Nicht kommunizieren geht nicht, nicht positionieren geht deswegen auch nicht.

Kann man eine Positionierung ändern?

Ein Unternehmen, das neu im Markt ist, eine neugegründete Stiftung, eine neue politische Reform, ein neuer Schokoriegel, ein neuer Gartenzwerg, der den Garten abgestreift hat, werden erstmals positioniert. Auch wenn sie niemals frei von dem sind, was es zuvor bereits gegeben hat: den Ruf der Regierung, die Rückrufaktion für einen anderen Schokoriegel eines anderen Herstellers, den traditionellen Zwerg, sind die neuen Merkmale als Abgrenzungschance und Positionierungskorridor gewissermaßen die „Platzanweiser." Inbesondere bei Produkten wird auch vom USP, der unique selling proposition, gesprochen, die in der Positionierung einen Ausdruck findet.

Etwas anderes ist die Neupositionierung einer bestehenden Marke oder eines bestehenden Unternehmens. Sie wird angestrebt, um beispielsweise eine Verjüngung zu erreichen oder aus einer Nische herauszukommen, die sich als Sackgasse erwiesen hat. Am Prominentenleben kann man darüber viel lernen: Jedes Come-back setzt im Grunde eine Neupositionierung voraus. Das gilt von Marianne Rosenberg bis Tom

Jones. Arnold Schwarzenegger ist so aus der Terminatorecke ins Entertainment zurückgekehrt und John Travolta aus dem grellen Saturday Night Fever in die Dunkelheit schwarzer Komödien. Manchmal trifft eine Neupositionierung den ursprünglichen Markenkern empfindlich, ein anderes Mal ist nur eine kleine Korrektur notwendig, um wieder Akzeptanz und Popularität zu erlangen.

Die Beispiele aus dem Leben der Stars sensibilisieren für die Bedeutung der Aufgabe Neupositionierung, die dem Erhalt der Marke dient. Sie heißt im Falle der Stars Come-back. Bei Medien redet man von Relaunch, bei Moden und Trends vom Revival.

Viele Unternehmen haben es, wie die Stars, versäumt, aus Marktinnovationen, rechtzeitige Einbindung der jungen Generation in die Entscheidungsprozesse, Antizipierung der Trends oder zumindest ihre schnelle Verarbeitung, Konsequenzen zu ziehen. Diese müssten in jedem Fall mit einer Positionierungsanpassung einhergehen. Das sagt noch nichts über die Veränderungstiefe aus. Gerade bei großen Produktmarken können unbehutsame Veränderungen den Markenkern und mit ihm viel Kapital vernichten.

Auch bei der Interpretation der Marktbedingungen können große Fehler unterlaufen! Nicht jeder Tante-Emma-Laden ist dem Untergang geweiht: Es ist ein Unterschied,

- ob der Laden früher einmal die Lebensmittelbezugsquelle Nummer eins im Ort x war und heute ein von Supermärkten umstandenes Relikt mit unverändertem Sortiment darstellt, dessen Stammkundschaft merklich abwandert oder
- ob der Tante-Emma-Laden an einem anderen Standort mit hohem Anteil ökologisch bewusster Familien von einer jungen Unternehmerin als klare Marktlücke identifiziert worden ist oder
- ob der Tante-Emma-Laden als Touristenattraktion mit gutem Zuspruch und entsprechender Sortimentsanpassung an einem stark frequentierten Ausflugsort platziert wurde, dessen Öffnungszeiten sich nach den Gästeankünften richtet.

Drei mal Tante-Emma-Laden, drei Positionierungen. Nur im ersten Fall kann von der Krise einer altehrwürdigen Institution gesprochen werden. Und der alte Gartenzwerg? Hat er jetzt eine Krise, weil Herr Brand sich junge Nachfolger ausgedacht hat? Mit Sicherheit hat er schon bessere Zeiten erlebt. Trotzdem ist er in seinem Markt ein Nischen-Klassiker – solange es Schrebergärten gibt, werden sie beschützt werden müssen.

Merke: Eine Positionierung wird einmal vorgenommen und muss zum Teil wieder angepasst werden. Die Neupositionierung ist nach reiflicher Betrachtung der Umstände Überlebensstrategie im Markt. Ein Unternehmen, das gesellschaftspolitische, wettbewerbsrelevante oder beispielsweise technische Trends nicht antizipiert oder wenigstens rechtzeitig darauf reagiert, bleibt zurück. Märkte verändern sich ständig und damit auch Positionierungsräume und die Potenziale, die sich mit ihnen verbinden. Unternehmerische Neuerungen müssen zwangsläufig Eingang in die Positionierung und damit in die kommunikative Ausrichtung finden.

Krisenszenario: unfreiwillige Neupositionierung

Wir möchten zum Abschluss des Kapitels „Positionierung und Botschaften" noch anhand eines möglichen Krisenszenarios zeigen, welche Einflüsse eine ursprünglich feste oder werdende Marktposition stark beschädigen können. Nehmen wir einmal an, die Garten & Schmuck GmbH führt ihre Heimzwerge ein. Viele Zwerge sind schon verkauft worden und stehen in Wohnzimmern und Fluren. Kurz darauf kommt eine Jugendband mit großem „Tohuwabohu" auf den Markt. Sie nennt sich „Heimzwerge total" und wird mit rechtsextremer Gewalt in Verbindung gebracht. Alle Zeitungen schreiben darüber, alle Eltern sprechen darüber, Antibewegungen formieren sich. Zu allem Überfluss haben die Jungs auf dem Cover ihrer Debut-CD auch noch einen Zwerg mit Hanteln abgebildet, der unserem zum Verwechseln ähnlich sieht. Unabhängig vom unternehmerischen Schaden, dem wir mit entsprechenden juristischen Schritten begegnen müssten, erschüttert ein solcher Vorgang unsere Zwergenpositionierung im Markt.

Unser Zwerg gerät in eine Krise. Er wird unfreiwillig mit der Organisation und ihrem Selbstverständnis in Verbindung gebracht. Potenziellen Käufergruppen ist der Zwerg suspekt. Auch wenn das Beispiel – wie unsere gesamte Zwergenreihe – erfunden ist, ist es jedoch keineswegs unrealistisch!

Zusammenfassung

Bei existierenden Unternehmen, Marken oder Produkten bildet die Summe aller Botschaften, die in den Köpfen der Kern- und Mittlerzielgruppen angekommen sind, die Positionierung. Sie legt fest, was unsere Hauptabgrenzungsmerkmale zum Wettbewerb sind, und macht unterscheidbar. Im Konzept nehmen wir entsprechend zuerst die Positionierung vor und treffen damit eine strategische Entscheidung. Anschließend leiten wir davon die Botschaften in der Zielgruppensprache ab.

Die Positionierung wird in kurzen präzisen Aussagen verfasst und entspricht einem unmissverständlichen internen Beschluss. Sie ist gleichzeitig die Grundlage für die späteren Kommunikationsinhalte. Aus ihr kann also beispielsweise ein Slogan abgeleitet werden oder das Thema für eine Pressemeldung resultieren.

Von Neupositionierung sprechen wir bei der Korrektur bestehender Unternehmen, Marken, Produkte oder Personen. Sie kann notwendig werden, wenn sich die Marktbedingungen verändern und den wirtschaftlichen Erfolg oder die Popularität gefährden. Schon viele Stars hat eine Neupositionierung in den Markt zurückgebracht. Doch Vorsicht: Sie muss behutsam vorgenommen werden, um vorhandenes Kapital nicht zu zerstören.

Auch unfreiwillige Positionierungen kommen vor: Wenn, wie in dargestellter Krise, der Gegenstand der Positionierung in die falschen Hände gerät, missbraucht, kopiert oder verunglimpft wird.

7 Strategie
Der Hebel, der die Zwerge nachhause bringt

In diesem Kapitel geht es um das kostbare Gut Strategie, das Herzstück des Konzeptes und um den Mythos des großen denkerischen Entwurfs. Wir gehen konsequent der Frage nach, wie das Kommunikationsproblem zu lösen ist, warum das nie eine Standardlösung sein kann und trotzdem auf 36 Basisstrategien zurückgeht, die bereits 2500 Jahre alt sind. Wir legen außerdem die Grundlage für Strategietreue, die wir später in der Taktik beweisen müssen und knacken natürlich das Problem mit dem Zwerg.

Bisher haben wir in einem systematischen und logischen Denkprozess eine Schlussfolgerung nach der anderen gezogen: Wie vor dem Hintergrund des Auftrages die Ausgangslage zusammengestellt wird und wie Fakten, Hintergrundinformationen, Meinungen und Haltungen selektiert und gewichtet werden. Wie man daraus das erste Fazit zieht und warum man dann die kommunikative Aufgabe präziser benennen kann als vorher. Wir haben beschrieben, wie Ziele abgeleitet und formuliert werden, wie Zielgruppen definiert und wie die Kommunikationsinhalte in Positionierung und Botschaften festgehalten werden. Wenn die Positionierung die inhaltliche Verdichtung ist, dann ist die Strategie als zweiter Teil des konzeptionellen Kerns der zentrale Wirkungshebel. Hier geht es nun darum, wie das kommunikative Problem gelöst werden soll. Wir suchen nach dem Hebel, der unsere Heimzwerge in die Herzen und Häuser ihrer zukünftigen Besitzer bringt.

Was ist die Strategie?

Die Strategie legt in wenigen komprimierten Sätzen fest,

- welcher Weg zu den Zielen führt. Sie muss eine starke Wirkung entfalten, damit wir am Ende dort ankommen, worauf wir uns festgelegt haben;
- mit welchem Hebel eine Meinungs- oder Einstellungsänderung oder Kaufentscheidung bei den Zielgruppen erreicht werden kann. Sie muss also die Zielgruppen einbinden;
- wie dabei auch die richtige Botschaft im Sinne unserer Positionierung ankommt.

Dem strategischen Vorgehen ordnen sich also Ziele, Zielgruppen und Positionierung unter. In jedem Fall muss der Lösungsweg zwingend und plausibel und alle vier Konzeptionsschritte untereinander schlüssig sein:

- Die Ziele müssen mit den Zielgruppen erreichbar sein,
- die Positionierung und die Botschaften müssen zu den Zielgruppen passen,
- die Strategie muss mit den Zielgruppen umsetzbar sein,
- die Ziele müssen die Positionierung erreichen können.

Die Gefahr besteht, dass man verfrüht mit der Aufzählung einzelner Kommunikationsmaßnahmen beginnt, bevor dieser Hebel benannt ist, mit dem man den Kommunikationsprozess erst in Gang bringen will. Dann fehlt die Klammer, die den Mechanismus erklärt. Es ist eine intellektuelle Leistung, sie zu finden! Deshalb kursiert auch der Mythos davon, dass Strategiefindung Chefsache ist. Wir würden so weit gehen zu sagen, dass gute Strategen zumindest planungskreativ sein müssen. Die Position allein macht noch keinen Feldherrn.

Merke: Die Strategie ist der Lösungsweg. Sie benennt – kurz und prosaisch – den entscheidenden kommunikativen Hebel, mit dem die Kommunikationsziele umgesetzt werden, die Zielgruppen erreicht und die Kommunikationsinhalte transportiert werden. Und zwar so, dass daraus ein ergebnisorientierter, wirkungsvoller kommunikativer Prozess werden kann.

Vom Feldherrnmythos zur Planungskreativität in der Kommunikation

Der Begriff „Strategie" klingt reichlich militärisch – und das kommt nicht von ungefähr. Ihren Ursprung hat diese Art des Denkens und Vorgehens in den Militärschulen der vergangenen Jahrhunderte und Jahrtausende – nicht im kriegerischen, sondern im zielorientierten, denkerischen Sinne. Klassiker der Strategie-Literatur ist der Titel „Vom Kriege"[25], ein Standardwerk reinster preußischer Strategie-Denke.

Klaus Dörrbecker hat in seinen Seminaren die Bedeutung der Strategie damit unterstrichen, dass er behauptet, hier seien die großen „Feldherrn der PR" gefragt. Hier zeige sich, ob jemand ein Napoleon oder wenigstens ein kluger Generalstabschef oder nur ein biederer kleiner Truppenführer sei. Und es gibt öffentliche Fälle und Kampagnen, wo diese militärischen Allegorien ebenfalls gang und gäbe sind, zum Beispiel bei Übernahmeschlachten von Unternehmen. Sie werden im großen Stil in den Medienöffentlichkeiten ausgetragen. Nun schlagen wir nicht immer öffentliche Meinungsgefechte dieser Dimension, sondern lösen oft auch weniger dramatische Aufgaben und Probleme: Wir führen zum Beispiel vier neue Zwerge ein.

Längst hat strategisches Handeln in wirtschaftliche, politische und gesellschaftliche Zusammenhänge Eingang gefunden. Gute Strategen zeichnet die Fähigkeit aus, in Szenarien zu denken, das heißt, mögliche Entwicklungen zu antizipieren und sich auf dieser Grundlage für einen gangbaren Weg aus vielen möglichen zu entscheiden. Damit liefern wir die Planungsgrundlage für kommunikative Prozesse. Man nennt die Fähigkeit, sie zu entwickeln, in der Kommunikation auch Planungskreativität, weil sie Vorstellungskraft und Phantasie einerseits und Logik und Realitätsnähe andererseits zwingend einschließen muss. Wie beim Schachspiel müssen die Reaktionsmuster des Gegners antizipiert werden. In der Öffentlichkeit gibt es zwar viele relevante Akteure, trotzdem stimmt das Bild. Sind die gangbaren Wege unendlich?

Merke: Strategieentwicklung kommt ursprünglich aus dem Militär und gehört aber längst auch zu den klassischen Managementaufgaben in Po-

25 Carl von Clausewitz, Vom Kriege, Hamburg 1980.

litik und Wirtschaft. In der Kommunikation bezeichnet man die Fähigkeit zur Strategieentwicklung auch als Planungskreativität, in der sich Vorstellungskraft und Phantasie mit Logik und Realitätsnähe verbinden.

Bewährte Strategieprinzipien

Eins vorweg: Jede Aufgabe braucht eine maßgeschneiderte Lösung, eine eigene Strategie. Gleichwohl gibt es bewährte Lösungsprinzipien, die in der Militärphilosophie Strategeme heißen. Rainer Zimmermann hat dazu einen unterhaltsamen und aufschlussreichen Beitrag[26] veröffentlicht, der nichts an Aktualität verloren hat. Sein Credo: es gibt im Kern eine erschöpfliche Anzahl von möglichen „nackten Strategien", die sich anhand der Aufgabe variieren und kombinieren lassen. Herangezogen hat er dafür die 36 Strategeme, die in der Chinesischen Kultur seit 2.500 Jahren bekannt sind. Diese Lösungsprinzipien sind auf Kommunikationsaufgaben übertragbar. Im Folgenden führen wir die gängigsten auf.

- *„Hinter dem Lächeln den Dolch verbergen"* heißt, dass sich der Wettbewerber durch vorsätzlich freundliches Handeln bis kurz vor dem „Übergriff" in Sicherheit wiegen kann.
- *„Aus dem Nichts etwas erzeugen"* heißt, eine Story so aufblasen, dass in den Augen der Leser die Maus als Elefant erscheint.
- *„Ausgeruht den erschöpften Feind erwarten"* heißt, sich erst dann ins Geschehen zu mischen, wenn der Wettbewerber angeschlagen ist.
- *„Mit dem Messer eines anderen töten"* heißt, den Verdacht auf einen anderen und damit von sich selbst abzulenken.
- *„Im Osten lärmen, im Westen angreifen"* heißt, die öffentliche Wahrnehmung auf die falsche Fährte zu lenken, um von hinten „anzugreifen".
- *„Will man etwas fangen, muss man es zunächst loslassen"* heißt, dem anderen das Gefühl einer freien Entscheidung zu vermitteln, die allerdings gesteuert herbeigeführt ist.

---

26 Rainer Zimmermann, Sichtbar die Holzstege wieder instand setzen, heimlich nach Chengcang marschieren, in: Public Relations Forum 2/97.

- *„Auf das Gras schlagen, um die Schlange aufzuscheuchen"* heißt, so merklich in die Öffentlichkeit zu treten, dass der andere zu Reaktion und Handlung gezwungen wird.

- *„Den Tiger vom Berg in die Ebene locken"* heißt, sich bewusst nicht in unbekanntes Terrain zu begeben, sondern den anderen dazu zu bewegen.

- *„Sichtbar die Holzstege wieder instand setzen, heimlich nach Chengcang marschieren"* heißt, man suggeriert demonstrativ, einen Weg zu gehen, den man dann gar nicht geht.

Diese alten chinesischen Strategeme haben sich in ihrer Formulierungsweise bis heute zwar erheblich verändert und an die neuen „Kriegsschauplätze" in Wirtschaft und Politik angepasst, sind aber im Prinzip nackt und erschöpflich geblieben. Rainer Zimmermann führt in seinem Aufsatz einige „heute gängige Modelle" auf. Weitere werden beispielsweise in den Schulungsunterlagen des PR-Kollegs unter Themen- und Bezugsgruppenstrategien subsumiert:

Themenstrategien sind z. B.:

- Die *Testimonial-Strategie*
  Sie überhöht das Thema dadurch, dass es einem besonders glaubwürdigen Absender in den Mund gelegt wird.

- Die *Empfehler-Strategie*
  Diese Strategie nutzt für die Zielgruppe glaubwürdige Empfehler zur Weitergabe unserer Botschaften.

- Die *Huckepack-Strategie*
  Sie verhilft einem unbekannten Thema oder Gegenstand durch Aufsetzen auf ein populäres Trägerthema zu Bekanntheit.

- Die *Kooperations-Strategie*
  Die Strategie erzeugt mit einem anderen Markt- oder Themenakteur eine kommunikative Win-Win-Situation, die beiden zu mehr Aufmerksamkeit und Glaubwürdigkeit verhilft.

Bezugsgruppenstrategien sind u. a.:

- Die *Top-Down-Strategie*
  Sie wird insbesondere in hierarchisch geprägten Kommunikationsumfeldern angewendet. Man geht von der Annahme aus, dass die Kommunikationsinhalte durch institutionelle Informationswege jeweils innerhalb der sozialen Umfelder von oben nach unten diffundieren (z. B. vom Chefarzt zur Krankenschwester, vom Spiegel zur Westfalenpost).[27]

- Die *Bottom-Up Strategie*
  Diese Strategie schafft das Gegenteil und setzt dabei auf informelle Informationswege.

- Die *Strategie des geringsten Widerstandes*
  Es werden diejenigen Bezugsgruppen angesprochen, die in der Analyse die größtmögliche Affinität oder Offenheit für die Kommunikationsinhalte erkennen ließen.

Wenn diese und weitere Strategien so nah an denjenigen der Kriegsführung bleiben und somit zunächst die nackte Grundlage für Strategiefindung bilden, worin besteht dann der „kreative Anteil“, von dem zuvor die Rede war?

Ein letztes Mal wollen wir dazu Zimmermann zitieren: „Jeder einzelne strategische Plan wird zwar in seinem Grundgerüst immer von einem dieser Strategeme determiniert, ist aber inhaltlich viel stärker geprägt von der Wahl der Themen, von den Wechselbeziehungen der handelnden Personen, von seiner „Zielgruppenorientierung“ und von der „Inszenierung“ des strategischen Kerngehaltes. Ohne diese Inszenierung bleiben die Strategeme nackt.“[28]

Das bedeutet: Wir legen unseren Strategien zwar auch Strategeme zu Grunde, kombinieren sie sogar, erweitern diesen nackten Lösungsweg aber bereits um Spezifika unseres „Programmes“, das wir später im Maßnahmenteil ausführen. Damit erst schaffen wir eine maßgeschneiderte Kommunikationstrategie mit kreativem Ansatz.

---

27 Quelle: Loseblattsammlung „Kommunikationsplanung“ des PR-Kollegs Berlin, Band 7.

28 Ebda.

Was wäre demnach unsere Strategie für die Heimzwerge? Wir wählen eine kombinierte Strategie:

Wir bringen die Zwerge nachhause.

Wir begründen die neue Gattung der Heimzwerge und definieren damit unser eigenes Spielfeld.

Wir inszenieren die Heimzwerge als öffentliches Phänomen.

Wir lösen durch eine daran gebundene Kombination aus Kooperations- und Testimonialstrategie Nachahmereffekte in der Masse aus.

Die nackte Strategie lautet: Aus dem Nichts etwas erzeugen. Wir begründen eine neue Gattung von Maskottchen. Aber dabei belassen wir es in der Formulierung nicht, sondern verweisen darauf, wie die Mechanik unseres Kommunikationsprogrammes zukünftig sein wird. Nämlich: Wir schaffen ein Bild mit dem übergreifenden Motiv „Der Zwerg ist zu Hause angekommen". Das schmücken wir mannigfaltig aus, respektive inszenieren es: verschiedene Prominente, verschiedene Medien, verschiedene Zwerge schaffen die Grundlage für ein nahezu unerschöpfliches Maßnahmenprogramm nach dem immer gleichen strategischen Prinzip. Wir antizipieren zugleich bereits die Nachahmereffekte, die sich später in vielen Einzelmaßnahmen demonstrieren lassen.

Ob die Strategie vollständig und zielführend ist, wird mit der rückwirkenden Betrachtung der Ziele überprüft. Sie waren:

Generelles Ziel:
Etablierung der neuen Zwerge zu Hause

Strategisches Ziel:
hohe Bekanntheit und Akzeptanz für die neuen Zwerge bei der Zielgruppe 20- bis 40-Jährige

Nachahmereffekte auslösen

Nachfrage nach den neuen Zwergen in Kauf- und Einrichtungshäusern

Taktisches Ziel:
breite mediale Präsenz der neuen Zwerge in Print und TV
bis zum Sommer 50-prozentige Bekanntheit bei der Kernzielgruppe.

Unsere Strategie wird zielführend sein.

Merke: Strategeme sind Basisstrategien. Ihre Zahl ist begrenzt, auch wenn wir sie längst aus der Kriegstradition in unsere Fachsprachen übertragen haben. Erweiterte, maßgeschneiderte Lösungen entstehen auf ihrer Grundlage erst dann, wenn die kreative Mechanik in der Strategie bereits festgelegt wird. Sie verweist auf die Taktik.

Zusammenfassung

Die Strategie gehört zum Herzstück des Konzeptes. In Einklang mit Zielen, Zielgruppen und Positionierung bestimmt sie die Richtung des Lösungsweges.

Strategien sind uralt. Schon vor 2.500 Jahren haben die Chinesen 36 Strategeme, also Basisstrategien für die Kriegsführung, herausgefiltert und aufgeschrieben. Wir beziehen uns auch heute noch auf diese Grundprinzipien, haben sie aber in unsere Sprachen übersetzt.

Wir entscheiden uns für eine Lösung, die den höchsten Wirkungsgrad erwarten lässt. Diesen eingeschlagenen Weg verlassen wir nicht mehr.

Eine maßgeschneiderte Strategie kombiniert eine Lösung eines gangbaren Weges bereits mit einer kreativen Mechanik, die die spätere Stringenz der Maßnahmenplanung sicherstellt. Wir inszenieren unseren Weg.

Strategieentwicklung setzt entsprechend Kreativität und zugleich realistisches Planungsvermögen voraus. Das nennen wir Planungskreativität.

8 Taktik
Dramaturgie und Maßnahmen – Auftritt der Heimzwerge und wie das Programm entsteht

In diesem Kapitel geht es um die Dramaturgie und den Maßnahmenplan oder das Programm. Es geht um den Unterschied von schönen Ideen und richtigen Ideen, darum wie man Maßnahmen formuliert, zum richtigen Zeitpunkt startet und wie aus der Mechanik „Die Zwerge sind zu Hause angekommen" viele Handlungsanweisungen werden.

Willkommen im taktischen Teil des Konzepts. Wir haben jetzt den Weg, die Ziele, Zielgruppen, Positionierung und Strategie im Kopf, aber noch keine einzige Maßnahme zu Papier gebracht. In einem guten Konzept ist der Maßnahmenteil aber der fülligste. Er formuliert den Kommunikationsprozess aus und muss auch belegen, dass die Mechanik funktioniert. Ein Kunde wird sich für ein Konzept dann entscheiden, wenn genau das erkennbar ist. Er kauft nicht nur die Maßnahmenpläne, sondern die Gesamtlösung, von der er erfahren hat, dass sie 100-prozentig funktioniert. Die Maßnahmenplanung folgt einer Dramaturgie und ist eine Sammlung von Handlungsanweisungen, die das Kommunikationsprogramm abbilden.

Dramaturgie: Anbindung von Maßnahmen an Strategie

Die Strategie ist und bleibt dabei der gültige Maßstab für die Taktik. Die Gefahr abzuschweifen, gute Ideen nur um der Idee willen in die Planung aufzunehmen, ist groß, gerade wenn der Erfahrungsschatz noch klein ist. Nicht selten hat man sich einfach in einen guten Einfall „verliebt", könnte sich gut vorstellen, dass eine Idee schön umzusetzen wäre. Es ist aber unabdingbar, immer auch zu prüfen, ob die Maßnahme strategiekonform ist. Die Strategie gibt einen Korridor für eine sinnvolle Planung von Kommunikationsprozessen vor. Maßnahmen sind nie Selbstzweck. Aus der Strategie leiten wir zunächst die Dramaturgie des Kommunikationsprozesses ab. Denn jede Inszenierung bedarf einer Dramaturgie. Wir müssen entscheiden, welche Wirkungsmechanismen in welcher Kombination zum Einsatz kommen sollen. Wir haben Phasen zu definieren, in denen wir thematische Schwerpunkte setzen beziehungsweise die Mechanismen konkret benennen, die wir in der Strategie vorgegeben haben.

Für die Heimzwerge sieht die Dramaturgie folgendermaßen aus:

1. Phase: Push-Phase
Wir zeigen in geeigneten Medien Prominente zu Hause mit ihrem Zwerg beim Kochen, Einkaufen, Fitnesstraining und Heimwerken. Um die neuen Absatzkanäle zugleich zu promoten, laden wir die gleichen Prominenten zu Autogrammstunden in ausgewählte Kauf- und Einrichtungshäuser ein.

2. Phase: Pull-Phase
Diese Prominenten bringen ihre Zwerge buchstäblich ins Eigenheim ihrer Fans. Die überraschenden Ankunftsszenen begleiten wir medial und lösen damit eine Nachahmerbewegung aus. Aus den Push-Effekten ergeben sich Pull-Effekte: Zwerge erobern sichtbar die Herzen und Heime.

3. Phase: Empfehlerphase
Privatpersonen und Käufer schlüpfen in die Rolle der Prominenten. Sie werden in Empfehleraktionen eingebunden und bringen weitere Zwerge im Freundeskreis nach Hause (Schneeballsystem).

4. Phase: Produktdiversifizierung
Nach der ersten Einführungsserie erweitern wir die Reihe der Zwerge in Kooperation mit Leitmedien (Auto-Zwerg, Fußball-Zwerg, Haustier-Zwerg oder Rätsel-Zwerg). Damit erneuern wir permanent den Vermarktungswert und stärken die Möglichkeiten für weitere Push- und Pull-Effekte. Aus einer Serie wird eine Gattung.

Merke: Den Übergang von der Strategie zur Maßnahmenplanung bildet die Dramaturgie. Wir müssen entscheiden, welche Wirkungsmechanismen in welcher Kombination zum Einsatz kommen sollen und Phasen definieren. Die Dramaturgie ist die verbindliche Vorgabe für die Maßnahmenplanung.

Inhalt und Formulierung von Maßnahmen

Entlang dieser Dramaturgie entwickeln wir jetzt erst jede einzelne Maßnahme Phase für Phase.

Kommunikationstaktik ist das „gestaltungskreative" Handwerk, in der Projekte und Einzelmaßnahmen geplant werden. Positionierung und Botschaften müssen in möglichst wirkungsvolle Text-, Bild- und Aktionsideen umgesetzt werden:

- Wir wählen dafür die konkreten Medien und Kommunikationskanäle aus, die wir mit der Definition von Mittlerzielgruppen schon eingegrenzt haben.
- Wir stellen sehr plastisch dar, welcher Akteur unsere Botschaft wie vermittelt.
- Wir geben einen konkreten, kreativen Vorschlag, mit welchen Instrumenten wir die Zielgruppen zusätzlich einbinden (z. B. Gewinnspiel).

Eine Maßnahmenbeschreibung muss so ausführlich wie nötig und so bildhaft wie möglich sein. Denn die Zuhörer sollen während der Präsentation die Maßnahmen möglichst einfach nachvollziehen können. Das überzeugt. Außerdem müssen in den meisten Fällen Dritte, die mitentscheiden, aber das Konzept erst später lesen, ebenso schnell verstehen können, was wir uns ausgedacht haben. Das bedeutet jedoch nicht, in der Beschreibung ausufernd zu werden.

Was sollte man darüber hinaus bei der Ausformulierung der Maßnahmen beachten? Nicht jede Maßnahme erreicht die Gesamtheit der Ziele und Zielgruppen. Deswegen benennen wir vor der eigentlichen Beschreibung (wie in unseren Beispielen oben) zunächst noch einmal das jeweilige Einzelziel und dann die Zielgruppenauswahl, für die sie gedacht ist. Wenn diese Parameter mit den vorher im Konzept definierten übereinstimmen, ist die Maßnahme zielführend. Nach der Umsetzungsbeschreibung wird die Maßnahme terminiert, und die Zuständigkeiten werden benannt. Zudem wird der Aufwand an Manpower und finanziellen Mitteln für die Durchführung beziffert. Wenn man als Dienstleister ein Konzept schreibt, ist es zusätzlich hilfreich, zu sagen, welche Leistungen von der Agentur erbracht werden. Das hilft später auch bei der Budgetierung und erleichtert es, die Maßnahmen möglichst ökonomisch durchzuführen.

Und so sehen Maßnahmen für unsere Zwerge aus. Wir belassen es in diesem Buch bei einer Maßnahme je Phase. In der Realität wäre das jedoch entschieden zu wenig!

Phase 1

Homestory „Rosi Scholz and her Friends“

Ziel: Breite mediale Präsenz der Heimzwerge

Zielgruppe: potenzielle Käufer, Medien

Umsetzung: Wir portraitieren eine junge populäre Volksmusikerin ganz privat in einer auflagenstarken Illustrierten, wie z. B. „Die Bunte“. Sie berichtet vom Leben in ihrer ausgebauten Dachwohnung mit ihrem Freund, mit ihrem Hund und von ihren Hobbies: Kochen, Shoppen und Fitness. Die drei passenden Zwerge hat sie in ihrem Heim schon platziert. Man sieht den Jungstar neben dem Zwerg auf dem Hometrainer, beim Abschmecken in der Küche neben dem Kochzwerg und beim Start zum Stadtbummel mit der Einkaufszwergin. Die hat sie in der Garderobe aufgestellt.

Die Bildergeschichte schließt mit einem Gewinnspiel ab. Es werden Zwerge und Autogramme der Volksmusikerin verlost. Die Zeitschrift kündigt an, dass auf der eigenen Homepage später die schönsten Fotos von Lesern mit ihren Heimzwergen veröffentlicht werden.

Termin: Phase 1: 1. Februar

Verantwortung: Agentur Snow & White Communications, Marketingabteilung Garten & Schmuck GmbH

Kosten: 7.500 € pauschal

Phase 2

Tournee „Rosi Scholz bringt die Zwerge in die Berge"

Ziel: Etablierung des Zwerges als Heimzwerg
Hohe Bekanntheit
Nachahmereffekte bei Privatpersonen
Hohe Verkaufszahlen

Zielgruppe: potenzielle Käufer

Umsetzung: Ein privater Fernsehsender begleitet Rosi Scholz in fünf deutsche Mittelgebirgsorte: z. B. Schierke im Harz, Hofheim im Taunus, Rennerod im Westerwald, Cham im Bayerischen Wald und Kempten im Allgäu. Sie klopft überraschend an die Türen von ihren jugendlichen und junggebliebenen Fans in ländlichen Gegenden und überreicht ihren Heimzwerg mitsamt Autogramm und aktueller CD. Vor den Augen der Kamera und der Fernsehzuschauer suchen Prominente und Fans den optimalen Platz für den neuen Hausgenossen. Rosi Scholz erzählt dabei von ihren Maskottchen und ihrer Platzwahl zu Hause.

Die beschenkten Fans können Freunde beim Sender telefonisch vorschlagen.

Termin: Phase 2: 1. April

Verantwortung: Agentur Snow & White Communications, Promi Motion Event Agentur, Marketingabteilung Garten & Schmuck GmbH

Kosten: pro Ort 10.000 € pauschal

Phase 3

Thomas, Thorsten, Tina ... Geschenktrend Heimzwerg

Ziel: Etablierung des Heimzwerges
Hoher Abverkauf (Weihnachtsgeschäft)

Zielgruppe: potenzielle Käufer

Umsetzung: Wir führen den Mechanismus der Prominenten weiter. Das Angebot an Heimzwergbesitzer lautet: Wenn ihr euren Freunden und Bekannten zu Geburtstag, Weihnachten, Jubiläum einen Zwerg schenkt, begleitet euch ein TV-Sender bei der Übergabe. Wer gefilmt wird, entscheidet das Los. Zehn Übergaben werden pro Monat gesendet.

Diese Aktion unterstützen wir

a) durch Heimzwerg-Reminder-Beiträge in ausgewählten Geschenktippspalten deutscher Medien,

b) durch Hinweis auf die Aktion am Point of Sales (POS).

Termin: Phase 3: 1. September bis Jahresende

Verantwortung: Agentur Snow & White Communications, Promi Motion Event Agentur, Marketingabteilung Garten & Schmuck GmbH

Kosten: 15.000 € pauschal pro Monat

Phase 4

Broschüre „Das Heimzwerge-ABC"

Ziel: Bekanntheit und Etablierung der Zwerge zu Hause

Zielgruppe: potenzielle Käufer, Verkäufer, Medien

Umsetzung: Wir entwickeln eine ansprechende vierfarbige Broschüre mit Gestaltungs- und Platzierungsvorschlägen der erweiterten Zwergenfamilie in verschiedenen

	Wohnungen der Kernzielgruppe. Die Texte sind kurz und thematisieren die Maskottchenfunktion. Die nächste Bezugsquelle kann auf der Rückseite vom Händler eingedruckt werden. Die Broschüre wird am POS in Kauf- und Einrichtungshäusern ausgelegt und kann zusätzlich im Internet heruntergeladen werden. Die erste Auflage umfasst 500.000 Exemplare. Das Heft kann im Bedarfsfall als Beikleber für Zeitschriften nachgedruckt werden.
Termin:	15. Oktober
Verantwortung:	Agentur Snow & White Communications, Grafikbüro, Marketingabteilung Garten & Schmuck GmbH, Produktentwicklung Garten & Schmuck GmbH
Kosten:	Disposition für redaktionelles Konzept, grafische Entwicklung, Text, Produktion und Druck ca. 250.000 €

Gute Ideen sind nicht immer gute Maßnahmen

Die o.g. Maßnahmenbeispiele entsprechen unserer Strategie und Dramaturgie:

- Sie lassen den Zwerg zu Hause, wo er hingehört.
- Sie nutzen die Empfehlerqualitäten z. B. der Volksmusikerin als Prominente.
- Sie erreichen voll und ganz unsere Kernzielgruppe.

Das würden nicht alle denkbaren „guten Ideen" tun.

Ein schlechtes Beispiel für den Heimzwerg könnte lauten:

Wir initiieren als Medienkooperation ein Sonderheft von „Mein schöner Garten", mit einem Exklusivinterview mit Mark Brand. Damit erreichen wir mit wenig Streuverlusten unsere Kernzielgruppe der 20- bis 40-jährigen Menschen im ländlichen Raum.

Das ist zwar eine schöne Idee, die aber aus dem strategischen Rahmen fällt. Warum?

- Das Medium vermittelt den Lesern, dass die neuen Zwerge weiterhin Gartenzwerge sind.
- Herr Brand hat als Person keine öffentliche Bekanntheit und entspricht nicht dem Zielgruppenprofil für Testimonials. Er ist als Empfehler also denkbar ungeeignet.
- Die Garten & Schmuck GmbH ist für die Produktmarke der neuen Heimzwerge vollständig irrelevant. Noch ein Grund, warum der Produktmanager des Unternehmens dort nichts zu suchen hat.

Merke: Maßnahmen sind eine verständliche und überzeugende Kurzbeschreibung einer kreativen Idee, die strategiekonform ist. Zu ihrer Formulierung gehört die Benennung von Einzelzielen und einer Zielgruppenselektion sowie Termin, Verantwortung und Kosten. Nicht jede gute Idee ist auch eine geeignete Maßnahme!

Der Zeitplan für den Instrumenteneinsatz

Der nächste Schritt zeigt die genaue zeitliche Abfolge der Maßnahmen. Sie werden auf einem Zeitstrahl abgebildet, der die fixen Termine bereits berücksichtigt. Daraus ergibt sich ein verbindlicher Ablauf des Kommunikationsprozesses. Elemente des Zeit- und Maßnahmenplanes können neben Zeitschiene und Maßnahmen auch die Zielgruppen und die Zuständigkeiten für die Umsetzung einzelner Maßnahmen sein.

Auszug aus dem Zeit- und Maßnahmenplan für die Heimzwerge:

Maßnahme	Verantwortliche	Februar	April	September	Oktober
Medien-kooperation „Bunte“	Agentur, Fr. Riese	6. KW			
Bergbesuch Schierke	Agentur, Event Agentur, Fr. Riese		1.4.		
Bergbesuch Hofheim	Agentur, Event Agentur, Fr. Riese		22.4		
Bergbesuch Kempten	Agentur, Event Agentur, Fr. Riese		30.4.		
Auftakt Geschenk-aktion	Agentur, Event Agentur, Fr. Riese			1.9. in Fulda	
Broschüre „Heimzwerge-ABC“	Agentur, Grafikbüro, Hr. Brand			15.9. Frei-gabe Layout. Start Litho	
Broschüre „Heimzwerge-ABC“	Agentur, Grafikbüro, Hr. Brand			30.9. Start Druck	
Broschüre „Heimzwerge-ABC“	Agentur, Grafikbüro, Hr. Brand				Auslieferung 15.10.

Diese Art der Planung zwingt dazu, zu prüfen, ob der Maßnahmenplan vollständig ist, ob es Kollisionen geben kann, und was passieren würde, wenn Termine nicht eingehalten werden. Sollte sich zum Beispiel die Abstimmung und Freigabe der Broschüre und damit Litho und Druck verschieben, würde automatisch das Auslieferungsdatum nach hinten rücken.

In einem vollständigen Maßnahmen- und Zeitplan würde dies mit Sicherheit Auswirkungen auf andere Einzelmaßnahmen haben. Der Plan gibt daher im Resultat einen Überblick, welche Maßnahmen sich sinnvoll aufeinander beziehen. Abhängigkeiten und Aufbau von Einzelprozessen werden nachvollziehbar. Und last but not least können wir die Machbarkeit der geplanten Maßnahmen anhand von Budget- und Zeitfaktoren sowie Ressourcen überprüfen. Denn die gemeinsame oder zumindest abgestimmte Planung in Arbeitsgruppen ermöglicht es einzelnen Gruppenmitgliedern, Teilverantwortung zu übernehmen, ohne das Ganze aus den Augen zu verlieren. In einer Zusammenarbeit von Kunde und Agentur ist dies unerlässlich. Jeder sollte später in der Umsetzung der Maßnahmen seine Rolle kennen, damit er nach außen gegenüber Ansprechpartner, Kooperationspartner oder Journalisten stimmig agieren kann. Kommunikationsarbeit ist Teamarbeit.

Damit steht das PR- oder Kommunikationsprogramm. Es dient auch dazu, einzelne Zuständigkeiten für Projekte und Maßnahmen zu delegieren, ohne den Gesamtprozess aus den Augen zu verlieren. Programm- oder Kampagnenplanung ist daher ein wichtiges Steuerungsinstrument – eine Managementaufgabe.

Merke: Ein Maßnahmenplan stellt alle Einzelmaßnahmen in ihrer zeitlichen Aufeinanderfolge und inhaltlichen Abhängigkeit voneinander dar. Er gibt allen verantwortlich Beteiligten einen Überblick und ist insofern ein Steuerungsinstrument für den Kommunikationsprozess.

Exkurs: Integrierte Kommunikation

Im Vorwort hatten wir bereits deutlich gemacht, dass integrierte Kommunikation heute eine Selbstverständlichkeit ist. Sie meint die sinnfällige

- Integration aller kommunikativer Aspekte in die Unternehmensstrategie
- Integration interner und externer Kommunikation
- Integration der Kommunikationsinstrumente/-disziplinen
- Integration aller Kommunikationskanäle in der Verfolgung eines kommunikativen Zieles[29]

29 Rupert Ahrens, Michael Behrent, Integrierte Kommunikation als unternehmerischer Erfolgsfaktor, in: Rupert Ahrens, Helmut Scherer, Ansgar Zerfaß (Hrsg.), Integriertes Kommunikationsmanagement – Ein Handbuch für Öffentlichkeitsarbeit, Marketing, Personal- und Organisationsentwicklung, Frankfurt am Main 1995.

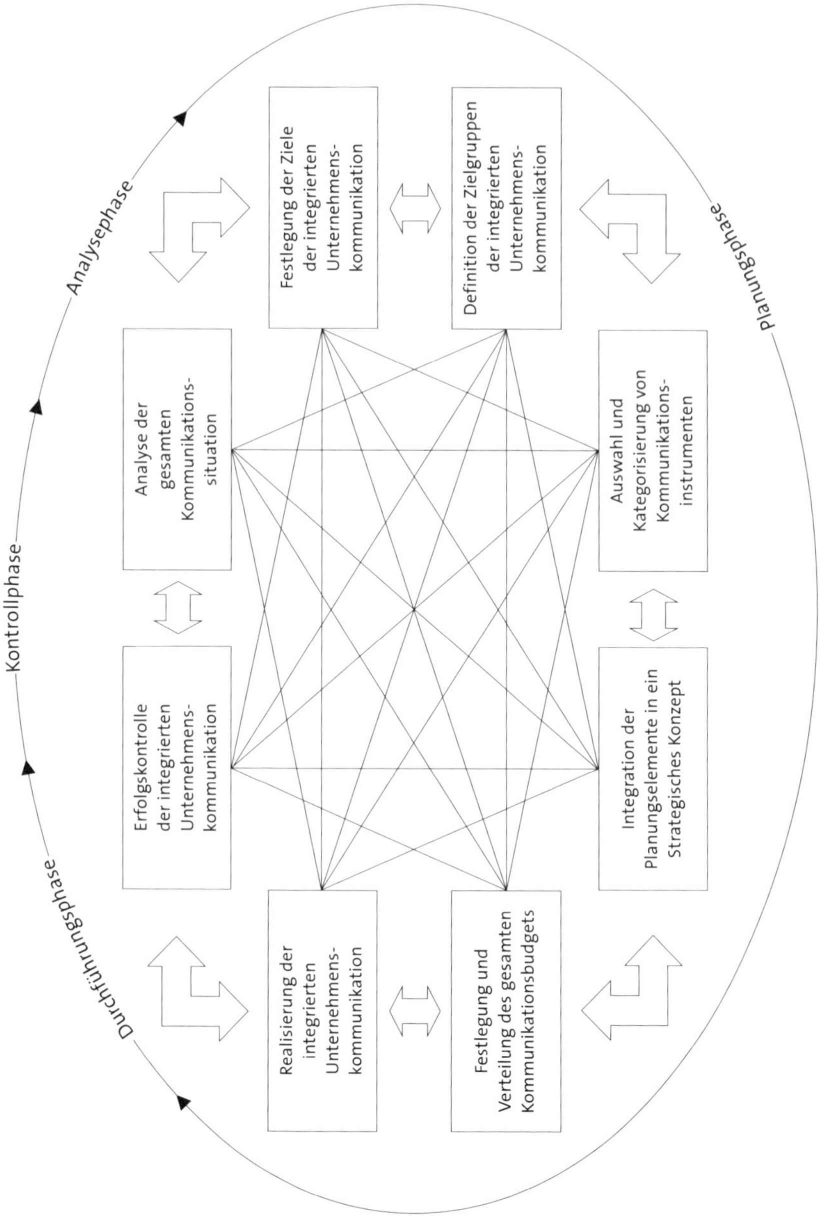

Abbildung 3: Integrierte Kommunikation (Quelle: Ahrens, Scherer, Zerfaß, 1995)

Immer noch gültig ist die Definition von integrierter Unternehmenskommunikation, die Professor Dr. Manfred Bruhn im Jahr 1995 formuliert hat. „Unter der integrierten Unternehmenskommunikation wird ein Prozess der Planung und Organisation verstanden, der darauf ausgerichtet ist, aus den differenzierten Quellen der internen und externen Kommunikation von Unternehmen eine Einheit herzustellen, um ein für sämtliche Zielgruppen der Unternehmenskommunikation konsistentes Erscheinungsbild über das Unternehmen zu vermitteln."[30]

Dieser Anspruch, den Bruhn hier für die Unternehmenskommunikation erhebt, und der auch Gegenstand des von Ahrens, Scherer und Zerfaß herausgegebenen Buches „Integriertes Kommunikationsmanagement"[31] ist, muss auf alle kommunikativen Aufgabenstellungen übertragen werden. Auch die Maßnahmenplanung für unsere Produktkommunikation muss demnach zeigen, wie wir die Maßnahmenbereiche miteinander sinnvoll verzahnen wollen.

Voraussetzung dafür ist es, die Einzelmaßnahmen übergeordneten Instrumenten zuzuordnen. Das sind:

- Presse- und Medienarbeit
- Eigenmedien
- Veranstaltungen
- Kooperationen
- Interne Kommunikation
- Werbung
- Direktmarketing
- Online-Kommunikation
- Verkaufsförderung/Messen/Promotion

Die Maßnahmen verzahnen heißt, sie in gewichteter Abhängigkeit voneinander darstellen, also integrieren.

30 Manfred Bruhn, Integrierte Unternehmenskommunikation, Ansatzpunkte für eine strategische und operative Umsetzung integrierter Kommunikationsarbeit, Stuttgart 1995.

31 Ahrens, Scherer, Zerfaß, 1995.

Merke: Integrierte Kommunikation erfordert integrierte Maßnahmenplanung. Bei der Gesamtplanung der Taktik müssen die Einzelmaßnahmen den Kommunikationsinstrumenten zugeordnet werden und klar miteinander in Beziehung gesetzt werden.

Feedback-Planung

Der abschließende Planungsschritt der Taktik ist die Feedback-Planung. Sie hilft, später die Wirkung des Kommunikationsprozesses auch zu evaluieren. Mit der Feedback-Planung prüfen wir daher, ob unsere Maßnahmen ausreichend kommunikativ sind.

- Geben die Maßnahmen genügend Handlungsanreize?
- Fordern sie zur Auseinandersetzung mit Argumenten auf, machen sie das Thema interessant oder attraktiv für die Zielgruppen?

Zur Erinnerung: Beispiele für solche Feedback-Schleifen sind

- Markt und Meinungsforschung,
- Auswertungen von Presse- und Medienarbeit in Medienresonanzanalysen,
- Antworten auf Mailings,
- Beteiligung an Gewinnspielen,
- erfasste Internetnutzung,
- Informationshotlines/Call-Center,
- Feedback auf Leserumfragen in Mitarbeiter- oder Kundenmedien, Couponanzeigen,
- Anwesenheitslisten bei Veranstaltungen,
- Nachfassaktionen,
- Nachkontakte bei Journalisten.

Der Fantasie für Feedback-Maßnahmen sind kaum Grenzen gesetzt. Nur sollten sie immer auch die Verhältnismäßigkeit der Mittel berücksichtigen. Sicherlich ist es nicht notwendig, viermal im Jahr eine Leserbefragung für eine Kundenzeitschrift durchzuführen. Auch wird eine aufwändige Medienresonanzanalyse bei zehn erzielten Beiträgen im Quartal einfach „overdone“ sein. Eine gute Presse- und Medienarbeit sorgt für andauernde Kontakte zu Journalisten und hält das Maß an Nachkontakten im verträglichen Rahmen. Feedback-Maßnahmen kosten Geld und Personalressourcen und müssen dementsprechend budgetiert und maßvoll eingesetzt werden.

Merke: Feedback-Maßnahmen helfen, Erkenntnisse über die Maßnahmenwirkung zu gewinnen. Sie sind bedeutend, sollten aber moderat eingesetzt werden, weil sie Zeit, Geld und manchmal auch Kontakte kosten.

Zusammenfassung

Taktik bedeutet Maßnahmen planen im Wortsinne. Ihre Vorgabe ist die Strategie. Daran lässt sich rückwirkend prüfen, ob jede Einzelmaßnahme vollständig dem eingeschlagenen Weg folgt.

Maßnahmen werden so anschaulich formuliert, dass sie eine Vorstellung von ihrer Umsetzung geben und das Bild von der Gesamtlösung vervollständigen. Sie liefern den Beleg dafür, dass das Konzept aufgeht. Bei aller Anschaulichkeit ist eine Maßnahmenbeschreibung im Gesamtkonzept eher eine Inhaltsangabe als ein Drehbuch.

Das Maßnahmensystem muss auf zwei Ebenen dargestellt werden:

- *im zeitlichen Verlauf:*
  Welche Maßnahme folgt logischerweise der anderen?
- *im Zusammenspiel der Maßnahmenbereiche:*
  Welche Maßnahmenbereiche sind am wichtigsten, bilden das Dach, Fundament oder Zentrum? Wie stützen sich alle Bereiche gegenseitig?

So entsteht die Dramaturgie des Kommunikationsprozesses und ein integriertes Programm.

Feedback-Schleifen sind Bestandteil dieser Planung. Maßvoll eingesetzt geben sie Aufschluss über die Wirksamkeit der Maßnahmen.

9 Präsentation und Dokumentation Zwerge ohne Zweifel – Kein Auftrag ohne Überzeugungsleistung

Die Präsentation eines Konzeptes ist mindestens so bedeutend wie der Konzeptionsprozess selbst. Es geht zum einen darum, eine Zuhörerschaft zu überzeugen, die in der Regel aus vielen „Unbekannten" besteht. Und es geht darum, dass die Präsentatoren nun in einem außerordentlich kurzen Zeitraum vermitteln müssen, was zuvor in meist wochenlanger Teamarbeit gedacht und entwickelt wurde. Neben der Präsentation ist das Booklet die Visitenkarte der Agentur und Entscheidungshilfe für den Kunden. Es dokumentiert Schritt für Schritt den Gedankengang.

Agenturen stehen bei Präsentationen fast immer in einer Wettbewerbssituation, denn zu jedem großen „Pitch" eines Unternehmens holen die Auftraggeber sinnvollerweise mehrere Vorschläge ein. Bei öffentlichen Ausschreibungen ist der Angebotsvergleich für sie sogar Pflicht. Und so kann es vorkommen, dass Agentur A, Agentur B am Präsentationstag wortwörtlich „die Klinke in die Hand gibt". Auch unternehmensintern sind Präsentationen ausschlaggebend. Sie bestimmen den Gang eines Projektes, die Entscheidungsfindung des Bereichsleiters, Geschäftsführers oder Vorstandes – und die eigene Position.

Ziel der Präsentation: Zustimmung erreichen

Präsentieren erfordert und trainiert das Überzeugungs- und Argumentationsvermögen. Wenn das Konzept logisch und von der Schlussfolgerung bis in den Maßnahmenteil hinein stimmig ist, ist die wichtigste Grundvoraussetzung für eine gute Präsentation gegeben. Es kommt jetzt nur darauf an, dass die Präsentatoren diesen roten Faden prägnant, klar verständlich und gut visualisiert vermitteln können. Misslingt dies in der Präsentation, wird es mit größter Wahrscheinlichkeit keine Entscheidung für das Konzept geben; für andere Agenturen steigen gleichzeitig die Chancen auf einen Zuschlag.

Weil der Wettbewerb, der das Geschäft ja bekanntlich und sprichwörtlich belebt, eine Besonderheit bei Agenturpräsentationen ist, lautet eine zusätzliche Empfehlung, sich im Vorfeld über die Konkurrenz zu informieren. Einige Auftraggeber geben selbst bekannt, wer noch „im Pitch ist“. Das kann, vorausgesetzt man ist über die Präsentationsstile und Stärken und Schwächen der anderen gut informiert, zur Entscheidung für ein kalkuliertes Kontrastprogramm führen, zumindest die Auswahl und Gewichtung der Argumente beeinflussen.

Merke: Die Brillanz der Logik, die Prägnanz in der Darstellung und die Visualisierung des Gesagten sind die Hauptmerkmale einer guten, überzeugenden Präsentation. Ihre Ziele sind die Zustimmung des Kunden und die Auftragsvergabe. Ein möglichst genaues Bild vom Auftreten des Wettbewerbs ist dazu hilfreich.

Das Auditorium. Wer hört zu? Wer entscheidet?

Die eindeutige Aufforderung „Zustimmung erreichen“ führt zwangsläufig zur Frage „Von wem?“. Denn das Auditorium ist eine der variablen Größen einer Präsentation. Für den Veranstaltungscharakter ist unter anderem ausschlaggebend, wie viele zuhören und entscheiden und wer davon welche Position bezieht oder Interessen vertritt. Zwischen Tischgespräch und multimedialer Inszenierung liegen die Spielvarianten. Wie so oft kann man hier guten Gewissens keine Standards empfehlen. Die Situation zählt – und die gilt es im Voraus zu prüfen.

- Die Garten & Schmuck GmbH hält den Kreis der Entscheider klein. Man hat sich dazu entschieden, dass der Personenkreis, der auch schon zum Briefinggespräch anwesend war, auch der Ergebnispräsentation beiwohnen soll: Produktmanager Mark Brand, Marketingleiterin Annemarie Riese und Vertriebschef Frank Stellmacher.

Die Charakteristika dieser Situation wären demnach: Agentur und Auftraggeber kennen sich bereits, man hat persönlich erste Eindrücke voneinander gewonnen und kann auf Agenturseite voraussetzen, dass Lösungstendenzen, die im Re-Briefing bereits angesprochen wurden, allen Anwesenden in gleicher Weise bekannt sind. Dies führt situativ bedingt dazu, dass der Einführungsteil knapp gehalten werden kann, man sich auf die Vorgespräche bezieht und die Erkenntnisse daraus einleitend zusammenfasst. Die Präsentation verläuft tendenziell eher im Stil eines beamer- oder bookletgestützten Gespräches als in dem einer „Show". Gemeinsam geht man die Schritte durch, ohne jedoch wörtlich abzulesen. Die verschriftlichte Form wird lediglich beim Durchgehen kommentiert. Man stellt einzelne Passagen besonders heraus.

- Die verantwortliche Kommunikationsleitung der Abteilung Gartenschmuck hat entschieden, dass auch Kollegen der gartenzwergfremden Abteilungen Gartenerde und Gartengeräte an der Präsentation teilnehmen sollen. Hintergrundüberlegung: Wenn sich die Agentur als kompetent erweist, sollte sich die zukünftige Zusammenarbeit unter Umständen auf das Gesamtunternehmen erstrecken. In dieser Runde kann weder an Vorgespräche zum Auftrag angeknüpft noch die Bekanntheit der Agentur bei allen vorausgesetzt werden. Die Präsentation würde sinnvollerweise mit einer kurzen Vorstellungsrunde beginnen. Sie würde inhaltlich Kenntnisse über das Unternehmen insgesamt einschließen. Die Form der Präsentation müsste auf die Größe der Runde und die Standards des Hauses eingestellt sein: eine Beamerpräsentation mit anschließender Diskussion wäre der Dimension angemessen. Gestaltungsvorschläge wären in einem solchen Kreis noch auf Pappen darstellbar.

- Die Garten & Schmuck GmbH, Abteilung Gartenschmuck, hat nach dem Re-Briefing noch mehrere „Schulterblicktermine" mit der Agentur vereinbart. Auch wenn die Agentur zu jeder Stufe den konzeptionellen Input erarbeitet und geliefert hat, hatten die Treffen jeweils den Charakter einer engen Zusammenarbeit. In Workshop- oder Werkstattmanier hat sich das Kunden-Agenturteam dabei den gängigen Arbeitsmethoden Metaplan und Flipchart bedient. So hatte man gemeinsam die beste Möglichkeit, Ideen für alle sichtbar zu skizzieren, Schrittfolgen und Zusammenhänge aufzuzeigen, und

Überlegungen auch wieder zu verwerfen oder anders zu priorisieren. In diesem Fall hätte die Abschlusspräsentation im selben Kreis sicherlich sinnvollerweise den Charakter eines Abschlussworkshops, bei dem die gleichen Methoden zum Tragen kämen. Eine extrem technisierte Frontalpräsentation wäre ein unangemessener Bruch.

- Die Garten & Schmuck GmbH ist Mitglied eines landesweiten Beirates „Schutz und Zukunft der Gartenzwerge" in dessen Mitte sich das Unternehmen mit dem neuen Konzept profilieren möchte. Vertreter aus Wettbewerbsunternehmen wie auch der einschlägigen Vereine, Stiftungen und unabhängiger Initiativen, ja sogar ein Fachjournalist der Zeitschrift „Zwerg heute" gehören dem 60 Personen umfassenden Beirat an, der anlässlich einer gerade stattfindenden Fachmesse in einem kleinen Saal zusammenkommt. Auf der umfangreichen Agenda der Themen steht unter dem Überpunkt 3 (Neuentwicklungen und Marketing) „Präsentation Garten & Schmuck GmbH zur Einführung neuartiger Zwergtypen". Hier heißt es knapp und abgestimmt auf die räumlichen Verhältnisse einen überzeugenden Eindruck zu vermitteln. Pappen, Flipcharts und Pinwände sind kaum die richtigen Methoden. Man sollte eher über eine kurze Film- oder Diaprojektion nachdenken, die Präsentation ganz im Stil eines Vortrages gestalten und für die anschließende Diskussion sogar ein Saalmikrofon bereitstellen lassen. Das genannte Auditorium wird auch inhaltlich zwangsläufig zu einer Reduktion auf das Wesentliche führen. Firmeninterna gehören nicht hierher. Die Zeit ist kostbar, denn vorher sind schon andere Themen des Tages angesprochen worden. Im Mittelpunkt steht nicht die Marketingstrategie, sondern das Neue an der Idee.

- Nach einer ersten Präsentation im kleinen Kreis der Entscheider, die dem Agenturkonzept zugestimmt haben, hat die Garten & Schmuck GmbH die Agentur nun gebeten, dieses auf einer internen Vertriebstagung wiederholt vorzustellen. Die betreffenden Mitarbeiter sollen von Anfang an in die strategischen Überlegungen einbezogen und in ihrer Verkaufstätigkeit unterstützt werden. 120 Mitarbeiter erwartet man zur Tagung. In dieser Situation ist aufgrund der Dimension sicherlich ein ähnliches Setting wie bei der Beiratssitzung sinnvoll. Allerdings muss der inhaltliche Fokus hier klar auf der Unternehmensstruktur liegen, unter Umständen Abläufe einschließen und vor allen Dingen Transparenz über die Beweggründe der Leitung für die Einführung der neuen Zwerge schaffen. Methodisch wäre es darüber hinaus sinnvoll, den Vortragsteil lediglich als Input zu gestalten und weitere Fragen oder Anregungen der einzelnen Zuhörer beispielsweise in nachfolgenden Workshops zu reflektieren. Kleinere Gruppen sind arbeitsfähiger. Damit würde man bereits einen Schritt zur Implementierung des Konzeptes nach innen leisten.

Die Reihe der Zwergszenarien ließe sich endlos fortsetzen. Die vorgenannten Beispiele mögen jedoch ausreichen, um klar und deutlich zu machen, dass in jedem Fall der Einzelfall und seine besonderen Implikationen entscheidet, wie man präsentiert.

- Wie viele Personen werden zuhören?
- In welcher räumlichen Atmosphäre findet die Präsentation statt?
- Welches Vorwissen der Teilnehmer besteht in Bezug auf das Konzept?
- Sind alle Anwesenden auf dem gleichen Wissensstand?
- Gibt es Präsentationsstandards des Hauses, die einzuhalten sind?
- Findet die Präsentation in einem internen oder externen Rahmen statt?

Diese Fragen lassen sich zumeist direkt mit dem Auftraggeber klären oder herausfinden. Damit ist der Rahmen jedoch noch nicht erschöpfend vorgezeichnet. Was uns fehlt, ist die *psychologische Dimension:*

- Welche Funktion bekleiden die Anwesenden? Sind sie zur finalen Entscheidung befugt? Sind sie Mittler, die andere Prioritäten setzen?
- Welche Einstellung und Interessen vertreten die Anwesenden? Gibt es jemanden im Präsentationspublikum, der problematisch für die Auftragsvergabe sein könnte? Wer sind unsere möglichen Verbündeten?
- Welche Erwartungen haben die Auftraggeber? Wird mehr Wert auf Strategie oder auf Taktik gelegt?

Zur Psychologie der Präsentation einige Beispiele:

- Der Geschäftsführer der Garten & Schmuck GmbH ist ein „Macher-Typ", den die strategische Herleitung wenig interessiert und der ein knappes Zeitbudget für die Präsentation zur Verfügung gestellt hat. Ein auf ihn zugeschnittener Einstieg könnte lauten „Ich präsentiere Ihnen jetzt als Ergebnis unserer Arbeit die entscheidenden Maßnahmen, die ihren Auftrag voll erfüllen. In der anschließenden Diskussion bin ich gerne bereit, die strategischen Überlegungen zu erläutern, die diesen Maßnahmen zu Grunde liegen."
- Er ist ein Auftraggeber, dem das zu lösende Problem so wichtig ist, dass er sich nicht nur viel Zeit nimmt, sondern sogar sagt: „Ich will genau nachvollziehen, wie Sie gedacht haben." In diesem Fall kann es sogar sinnvoll sein, selbst die mittlerweile verworfenen Alternativen des Konzeptionsprozesses darzulegen.
- Er ist an einem intelligenten Agenturpartner für die Zukunft interessiert, den er (noch) nicht an der fertigen Lösung misst. Seine Aussage „Ich wähle die aus, die unser Problem am besten verstanden haben. Danach entscheiden wir." zeigt an, dass der Präsentationsschwerpunkt auf der Ausgangslage und Analyse liegen sollte.

Merke: Wer maßgeschneidert präsentieren will, muss sich möglichst genau auf seine Zuhörer, die psychologische Dimension der Situation und ihren besonderen Rahmen einstellen. Für die Dramaturgie einer Präsentation gibt es keine Standards.

Präsentationstechnik und Präsentationsstil

Standardaussagen lassen sich aber sehr wohl für einzelne technische Details treffen. Die Do's and Don'ts einer guten Präsentation gehen im Training „on the job" oder in speziellen Seminaren über Präsentationstechnik in Fleisch und Blut über. Am besten ist die Kombination aus beidem. Wer sich schon einmal selbst nach einer entsprechenden Veranstaltung auf Zelluloid gebannt beim Präsentieren beobachten durfte, wird anfänglich festgestellt haben, dass die Selbstwahrnehmung sich doch erheblich vom tatsächlichen Eindruck unterscheiden kann. Diesen Eindruck gewinnt das Publikum. Er hat Einfluss auf seine Entscheidung. „Entscheidungen werden mit dem Gefühl getroffen und mit dem Verstand begründet.“, so haben es die beiden Unternehmensberater Willing und Maubach[32] ausgedrückt. Hier einige Tipps, mit denen so ein Gefühl gelenkt werden kann:

- *Nur wer überzeugt ist, kann überzeugend präsentieren.* Wer Zweifel am eigenen Konzept hat, verfällt in Konjunktivformulierungen und vergisst aktiv zu sprechen. Deshalb sollte kategorisch präsentiert werden.

- *Freie Rede wirkt überzeugender als das Ablesen von Charts,* wobei schriftlich fixierte Stichpunkte (Bullet-Points) auf den Charts erlaubt und hilfreich sind. Mittlerweile hat die Beamer-Präsentation die Präsentation mittels Folien und Overheadprojektor fast überall abgelöst.

- *Der Präsentator sollte seine Redeposition und sein Redetempo selbst bestimmen,* sich also persönlich nicht verbiegen. Er muss klar verständlich sein. In jedem Fall zieht eine technisch glatte Präsentation eher den Verdacht eines Standardvortrages auf sich, als eine, in der kurze Denkpausen auch zuweilen Wiederholungen oder Versprecher einfließen, sofern diese selbstverständlich nicht überhand nehmen.

- *Wie beim Redetempo sollten auch für Mimik und Gestik die individuell stärksten Überzeugungsinstrumente jedes einzelnen zum Einsatz kommen.* Beim einen ist es die Stimme, beim anderen der Einsatz der Hände, die unterstreichen, was bedeutend ist, die herausstellen oder zurücknehmen und auf diese Weise der Präsentation ihre Spannung verleihen. Nichts ist, wie wir alle aus der Erfahrung als Zuhörer wissen, langweiliger, als ein durchgehend gleichbleibender liturgischer Vortrag ohne Höhen und Tiefen.

- *Zur „menschlichen“ Präsentation gehört der Kontakt zum Publikum,* das man im wahrsten Wortsinne nicht aus den Augen lassen sollte. Blickkontakte, Blickwechsel und das Aufgreifen von Reaktionen aus dem Publikum sind für die Intensität und Steuerung der Atmosphäre sehr bedeutend. An keiner Stelle in der Präsentation sollte es daher vorkommen, dass man dem Auditorium den Rücken kehrt.

---

32 Siegfried A. Willing, Ulrich Maubach, Präsentationserfolg in Werbung und Public Relations, Wirtschaftswoche Buchreihe Werbung, Band 3, Düsseldorf 1993.

- *Die Sprache sollte möglichst frei von unverständlichen Fachbegriffen und Fremdworten bleiben.* Sie erhärten zudem Vorurteile, können den Eindruck von Überheblichkeit wecken und regelrechte Fronten bilden. Gut hingegen sind eine bildhafte Sprache, ein starker persönlicher Einstieg und ein Schlusswort, das zu einer fruchtbaren Diskussion im Anschluss anregt.
- *Die Diskussion ist gleichrangig zur Präsentation zu sehen.* Es ist ratsam, sich in der Vorbereitungsphase auf Fragen, die kommen könnten, einzustellen. Eine Generalprobe in der Agentur trägt dazu bei.
- *Das Rehearsal hilft,* die Übergänge, die entstehen, wenn mehrere Personen präsentieren, schon im Vorfeld fließend zu gestalten und Redundanzen zu vermeiden. Die Wechsel sollten nicht zu einem Konzentrationseinbruch beim Publikum führen, sondern dramaturgisch dazu beitragen, die Spannungskurve durchzuhalten.
- *Ein guter Selbsttest für jeden Einzelnen:* Bin ich in der Lage, in wenigen Sätzen den Kern des Konzeptes frei zu referieren?

Merke: Nur wer von seinem Konzept selbst überzeugt ist, kann überzeugen. Einen guten Präsentationsstil bestimmen freie Rede, eine klare, ungekünstelte, aktive Sprache, der Einsatz der eigenen starken Körpersprache und die Nähe zum Publikum. Gezwungen und verkrampft wirkt eine Präsentation dagegen, wenn der Präsentator versucht, andere sprachliche und körpersprachliche Stilmittel aufzugreifen, die seiner Persönlichkeit nicht entsprechen, wenn der Vortrag vor Fremdworten und Fachchinesisch nur so strotzt und jeder Blickkontakt zum Publikum vermieden wird. Auch ein sprichwörtlich „aalglatter" Auftritt wirkt nicht unbedingt sympathisch, sondern eher statisch und unbeteiligt. Wer sich dahinter versteckt, wird konzeptionelle Mängel kaum kaschieren können und spätestens in der folgenden Diskussion unter Beweis stellen müssen, dass er auch auf unvorbereitete Fragen souverän Antwort geben kann.

Ein Probelauf schadet nie. Er ist besonders zu empfehlen, wenn mehrere Personen das Konzept gemeinsam präsentieren, um Übergänge einzuschleifen. Ein guter Selbsttest für jeden Einzelnen ist es, in wenigen Sätzen die Kernelemente des Konzeptes frei zu referieren.

Wer präsentiert?

Zum Ende des Konzeptionsprozesses oder wenige Tage vor der Präsentation sollte optimalerweise entschieden werden, wer dabei sein wird und wer nicht. Für die Zusammenstellung des Teams gibt es Faustregeln:

- Ein *Geschäftsführer oder verantwortlicher Agenturrepräsentant* ist immer dabei. Er repräsentiert die Agentur insgesamt oder ihren nächstgelegenen Standort und wird in Zukunft einen bedeutenden Teil der strategischen Beratung verantworten oder die Umsetzung supervidieren. Für Konzeptionsprozesse in Unternehmen repräsentiert der Projektleiter in ähnlicher Weise sein Team.
- Wenn bereits entschieden ist, welche *verantwortlichen Berater* einer Agentur im Fall einer Auftragserteilung in Zukunft den Kunden betreuen werden, sollten diese ebenfalls dabei sein. Beratung ist eine auf Persönlichkeit und partnerschaftliche Zusammenarbeit beruhende Dienstleistung. Hier findet das erste gegenseitige Kennenlernen statt. Jede spätere Umstellung kann zu Irritationen führen. Allerdings kommt es häufig vor, dass Neugeschäft auch Neuanstellung von Mitarbeitern bedeutet. Sie würden selbstverständlich in dem Projekt nicht von Anfang an auf sich gestellt sein, sondern sukzessive in die Rolle des persönlichen Kundenberaters hineinwachsen.
- *Spezialisten,* die die fachliche Kompetenz für die Umsetzung unter Beweis stellen, können ebenfalls in die Präsentation eingebunden werden. Solche Spezialisten sind Marktforscher, die die Marketingstrategie argumentativ untermauern oder Experten, die für die fachliche Richtigkeit des Konzeptes bürgen.

Agenturen, die nicht auf bestimmte Branchen etwa Pharma/Medical/Life Science spezialisiert sind oder Units für Spezialwissen beispielsweise in Finance unter ihrem Dach haben, halten keine Experten für mögliche kommende Themen vor. Es ist gang und gäbe und gehört zum Beruf dazu, dass Berater grundsätzlich in der Lage sind, sich in neue Themen schnell einzuarbeiten und vor allem in das spezielle Problem einzudenken. Jedoch bilden sich im Laufe der Zeit meist besondere Affinitäten oder Kenntnisschwerpunkte heraus: Jemand hat im Themenfeld Tourismus viel Erfahrung gesammelt, der andere hat mehrfach Kunden aus der Logistikbranche betreut, der dritte wiederum hat ein Theologiestudium absolviert und ist seit langen Jahren freiwillig sozial engagiert – dieses Wissen sollte bei einer Präsentation sinnvollerweise berücksichtigt werden – und ist bestenfalls nicht erst hier, sondern bereits für den Konzeptionsprozess entdeckt worden.

Wir hatten oben bereits angemerkt, dass ein sehr großer Kreis aktiver Präsentatoren unter Umständen zur Abschwächung eines überzeugenden Gesamtvortrages führen kann. Der Zuhörer muss sich auf viele Wechsel einstellen, die Übergänge haken möglicherweise. Durch geschickte Rollenteilung kann sich jedoch auch ein gesamtes Team aus beispielsweise vier Personen überzeugend darstellen: indem etwa spezifische Wissensträger erst in der anschließenden Diskussion das Wort übernehmen, die bis dahin nur Zuhörer und Beobachter sind. Fast immer wird auch der Teil der Gestaltung oder kreativen Umsetzung von dem der Analyse und Strategie personell getrennt. Es ist naheliegend, dass die Erwartungen an die Persönlichkeiten hierfür unterschiedlich sind.

Für die aktiven Präsentatoren gilt wie für das Auditorium: Sie sind Menschen und haben somit eine eigene psychologische Ausstrahlung und ein besonderes Vermögen. Die Unternehmensberater Willing und Maubach drücken es anders aus: Sie sagen, dass ein Präsenter für seinen Präsentationserfolg eine Überzeugungskraft brauche, die stärker ist als die Sache selbst. Diese Kraft nennen sie die „Psychopower", die der Präsentator ausschließlich aus seiner eigenen Persönlichkeit schöpft. Diese könne nur von innen heraus entwickelt, niemals von außen aufgesetzt werden.[33]

Jeder Mensch habe seine individuelle Psychopower, mit der er zu anderen Menschen in Verbindung tritt und kommuniziert. Um sie entwickeln, optimieren und perfektionieren zu können, müsse jeder erst einmal herausfinden, welchem Präsentationstypus er entspricht. Willing und Maubach stellen zu diesem Zweck eine auf einer empirischen Untersuchung basierende Präsentertypologie auf. Sie unterscheidet sechs „tierische" Typen. Auf den ersten Blick erscheint diese Typologisierung ein wenig schwarz-weiß gemalt. Aber sie ist eine nützliche Orientierungshilfe für die Selbsteinstufung. Fast niemand ist ganz ausschließlich mit einem einzigen Typen identisch:

33 Ebda.

- Der *Adler* überzeugt durch eine strategisch klare Präsentationsführung. Auch in Diskussionen verliert er nicht den Überblick. Er führt immer wieder zielstrebig auf das Wesentliche zurück.
- Die *Katze* steht für einfühlsame Geschmeidigkeit. Sie reagiert sehr sensibel auf Einwände und Stimmungen ihres Auditoriums, ohne jedoch ihr Ziel jemals aus den Augen zu verlieren.
- Die *Gazelle* besitzt „stille Faszinationskraft". Sie hat einen sehr hohen ästhetischen Anspruch an ihre Arbeit. Ihre Sprache ist eher bildhaft als logisch. Sie überzeugt durch Design und Gestaltung.
- Der *Wolf* ist ein aggressiver Rudelkämpfer. Er verbreitet eine Atmosphäre von Kampf und Wachsamkeit. Er präsentiert innerhalb einer Mannschaft mit gut eingearbeiteter Rollenverteilung und zielstrebig nach einem deutlich erkennbaren Konzept. Er ist auf mögliche Einwände bestens vorbereitet. Sie werden scharf pariert.
- Der *Bär* imponiert durch Kraft und Souveränität. Er kämpft ohne Aggression für seine Sache. Seine Sicherheit und Seelenruhe vermitteln hohe Glaubwürdigkeit.
- Die *Brieftaube* beeindruckt weniger durch Faszination als durch Fleiß und perfekten Service. Sie erzeugt eine aggressionsfreie Atmosphäre und kann dadurch die Konzentration unmittelbar auf die Sache lenken. Sie vermittelt den Eindruck von Vertrauenswürdigkeit und Zuverlässigkeit.[34]

Es ist die Sache des Teamverantwortlichen zu ermitteln, wer im Sinne des Auftrages am ehesten in der Lage ist, den potenziellen Kunden zu überzeugen.

Merke: Für die Zusammenstellung des richtigen Präsentationsteams gibt es mehrere Faustregeln. Zum einen kann als zwingend angesehen werden, dass der „oberste Repräsentant" der Agentur, ihrer Dependance oder der Projektleiter den entscheidenden Part übernimmt. Mitarbeiter, die schon jetzt als künftige Kundenberater fest vorgesehen sind, sollten hier ebenfalls einen bleibenden Eindruck hinterlassen. Sie haben bestenfalls zugleich eine Affinität zur Thematik oder erste Kenntnisse zum Gegenstand

34 Ebda.

erworben und fügen sich in ihrem persönlichen Präsentationsstil im Team überzeugend ein. Ergänzt werden kann der Kreis der Präsentatoren von Experten, die einen fachlichen Input leisten. Bei mehr als drei Personen sollte eine vierte oder gar fünfte eine aktive Rolle lediglich in der anschließenden Diskussion einnehmen.

Wie lange dauert eine Präsentation?

Ganz abgesehen davon, dass die Zeit, die zur Verfügung steht, meist vorgegeben wird, sollte man eine Schmerzgrenze nach oben beherzigen. Die liegt bei einer vollen Stunde plus anschließender Diskussion. Ideal ist dagegen eine Dauer von einer halben Stunde bis 40 Minuten für den Präsentationsteil und einer viertel bis einer halben Stunde, die zum Gespräch für Fragen und Anmerkungen bleibt. Wie die zeitliche Gewichtung je Konzeptpart aussieht, ob die Ausgangslage im Timing fast vernachlässigt werden kann oder die Strategie längerer Erläuterung bedarf, hängt von ihrer jeweiligen Bedeutung im Konzept ab. In einem Krisenkonzept wird die Genauigkeit der Strategie über die konzeptionelle Güte entscheiden.

Für den in der Regel umfangreichsten Teil, die *Taktik,* haben sich verschiedene Möglichkeiten der Systematisierung bewährt:

- *Lexikalische Präsentation*
  Hierbei erläutert der Präsentator sämtliche geplanten Maßnahmen. Der Vorteil: Alle Überlegungen werden dargestellt und nichts geht verloren. Das ist aber oft so viel, dass es der Zuhörer weder behalten, noch in seiner Gänze nachvollziehen kann. Präsentieren mehrere Wettbewerber in diesem Stil hintereinander, kann das für das Auditorium tödlich sein.

- *Punktuelle Präsentation*
  Der Präsentator greift eine oder zwei strategisch wichtige Maßnahmen heraus und erläutert sie. Dies wirkt meist sehr überzeugend, weil er seine Kompetenz und das Detailgeschehen durch genaue Erläuterungen beweisen kann. Das Risiko dieser Methode: wenn gerade diese Maßnahmen in den Augen des potenziellen Kunden der falsche Schwerpunkt sind.

- *Exemplarische Präsentation*
  Mit dieser Methode wählt der Präsentator jene Maßnahmenbeispiele aus, die den Prozess der Veränderung auf den Meinungsmärkten deutlich markieren. Vorteilhaft ist dabei, dass alles Wichtige erläutert wird, weniger Wichtiges kann mit einem Verweis auf das Booklet entfallen. Diese Methode hat wohl die wenigsten Nachteile, weil sie den Erfolgsweg schildert.

Merke: Eine gute Präsentation sollte selbst bei einem großen Konzept nicht länger als 45 Minuten dauern, bei Wettbewerben auch deutlich kürzer sein. Der zeitliche Schwerpunkt richtet sich danach, welcher Part des Konzeptes für die Lösung die größte Bedeutung einnimmt. In der Regel aber wird der überwiegende Teil der Zeit auf die Darstellung der Maßnahmenplanung verwendet. Sie kann unterschiedlich systematisiert werden, indem der Präsentator die Maßnahmen vollständig, nur punktuell oder nach ihrer Relevanz für den Erfolgsweg ausgewählt, vorstellt.

Das Booklet

Nach einer Wettbewerbspräsentation mit mehreren Agenturen fällt die Entscheidung für eine Agentur und ihr Konzept nicht immer leicht und selten sofort. Klienten nutzen die Zeit danach, um die Konzepte der Wettbewerber noch einmal gründlich zu prüfen und zu vergleichen. Dazu haben sie am Ende der Präsentation von jeder Agentur ein Booklet erhalten. Es dient zur Dokumentation der Konzeptionsarbeit, ihrer Vorgaben und ihrer Ergebnisse, der wesentlichen Gedankengänge und Problemlösungsansätze. Auch von einem Mitentscheider, der der Präsentation nicht beigewohnt hat, müsste aufgrund dieser detaillierten Darstellung genau nachvollzogen und verstanden werden können, wie die Agentur über Schlussfolgerungen aus der Faktenlage zu Zielformulierungen und ihrer Strategie und Maßnahmenplanung gelangt ist. In seiner Ausführlichkeit ist das Booklet schließlich auch Verkaufsinstrument.

Seine Gliederung deckt sich mit der des Konzeptionsprozesses. Sie lässt den deduktiven Weg der Konzeptionsentwicklung für den Kunden erkennbar werden:

- *Titelblatt:*

Garten & Schmuck GmbH

Kommunikationskonzept
zur Einführung einer neuen Gartenzwergserie

Gartenberg, den 15. Oktober 200X

- *Vorspann:* Hier können Informationsquellen genannt und die Teammitglieder vorgestellt werden.
- *Zusammenfassung* des Auftrages und der Aufgabenstellung.
- *Analyse und Fazits:* Die Lesefreundlichkeit lässt sich in diesem Teil zum Beispiel dadurch verbessern, dass Zahlenkolonnen durch Grafiken ersetzt werden.
- *Kommunikative Aufgabenstellung*
- *Ziele*
- *Zielgruppen*
- *Positionierung*
- *Strategie*
- *Die Umsetzung:* Eine Seite, die gewissermaßen als Inhaltsverzeichnis für den folgenden Maßnahmenteil fungiert. Dabei sollte sie grafisch zugleich so aufbereitet sein, dass dem Leser verständlich wird, wie die Maßnahmenbereiche der Kampagne systematisch ineinander greifen.
- *Die Maßnahmen:* Je Seite sollte nur eine Maßnahme, diese jedoch ausführlich geschildert werden. Dazu gehören ihre Bezeichnung, Teilziele, Ablauf, Zuständigkeit und Terminierung.

Maßnahmen

Broschüre „Das Heimzwerge-ABC"

Ziel:	Bekanntheit und Akzeptanz der Zwerge
Zielgruppe:	potenzielle Käufer, Verkäufer
Umsetzung:	Wir entwickeln eine ansprechende vierfarbige Broschüre mit Gestaltungs- und Platzierungsvorschlägen der vier Zwerge in verschiedenen Wohnungen der Kernzielgruppe. Die Texte sind kurz und thematisieren die Maskottchenfunktion. Die nächste Bezugsquelle kann auf der Rückseite vom Händler eingedruckt werden. Die Broschüre wird am Point of Sales in Kauf- und Einrichtungshäusern ausgelegt und kann zusätzlich im Internet heruntergeladen werden. Die erste Auflage umfasst 500.000 Exemplare.
Termin:	15. Oktober
Verantwortung:	Agentur, Grafikbüro, Marketingabteilung Garten & Schmuck GmbH
Kosten:	Disposition für redaktionelles Konzept, grafische Entwicklung, Text, Produktion und Druck ca. 250.000 €

Bilder oder Layoutbeispiele zur Maßnahme „Broschüre Heimzwerge" werden auf den Folgeseiten vorgestellt.

- *Maßnahmendramaturgie/Zeitplan im Überblick*
  Für den Kampagnenzeitraum wird im Wochen- und Monatsrhythmus die Abfolge der Maßnahmen dargelegt. Es ist sinnvoll, darin eine Vorbereitungsphase zu definieren.

- *Kostenplan*
  In der Regel ist zu diesem Zeitpunkt nur eine grobe Kostenübersicht erbeten, die zeigt, wie sich das vorgegebene Budget auf Maßnahmenblöcke verteilt. Erst bei Beauftragung, wenn bestimmt wird, ob tatsächlich alle Maßnahmen in der vorgeschlagenen Form umgesetzt werden, holt die Agentur exakte Kosten wie Produktionskosten ein.

Auch zur Grobkalkulation wäre es für die o. g. Broschüre jedoch entscheidend zu wissen, in welcher Auflage und Farbigkeit sie erscheinen müsste. Nur mit diesen Angaben lassen sich „Hausnummern" eruieren. Es kann vorkommen, dass sich erst während des Konzeptionsprozesses herausstellt, dass die vorgesehene Etathöhe zur Problemlösung nicht ausreicht. In solchen Fällen sollte man rechtzeitig das Gespräch mit dem Auftraggeber suchen oder verschiedene Szenarien durchspielen, die die Möglichkeiten mit gleichem und mit erhöhtem Budget transparent machen.

- *Copyright-Vermerk*
  Das Booklet enthält Ideen wie Slogans oder Gestaltungsvorschläge, die einen hohen Wert haben. Wenn der Kunde sich entscheidet, die Ideen für die Kampagne zu nutzen, werden Nutzungsrechte fällig. Ihre Höhe ist unter anderem von der Verbreitung abhängig. Orientierung geben die Verbände (Gesellschaft der PR-Agenturen (GPRA), Gesellschaft der Werbeagenturen (GWA), Bund Deutscher Grafikdesigner (BDG)).
- Eventuell Anhang mit Textbeispielen, Untersuchungsergebnissen.

Für die Gestaltung der Booklets gibt es keine Standards. Häufig werden die Charts, die auch zur Präsentation verwendet werden, als Grundlage genommen. Auch der Seitenumfang ist schwer festzulegen. Je nach Zahl der Maßnahmen oder Menge der eingeschlossenen Gestaltungsvorschläge kann er zwischen 30 und 100 Seiten liegen. Die meisten Booklets kommen auf einen „Mittelwert", der bei 50–70 Seiten liegt.

Da das Booklet eine Visitenkarte der Agentur ist, sollte man qualitative Mängel wie Rechtschreibfehler vermeiden. Das Go zur Booklettierung gibt es erst nach drei Korrekturdurchläufen.

Merke: Das Booklet dokumentiert die konzeptionelle Arbeit und ihre Ergebnisse. Es ist, neben der Präsentation, für den Auftraggeber die wichtigste Entscheidungshilfe und bietet auch Dritten nachträglich die Möglichkeit, den Ausführungen zu folgen. Seine Gliederung entspricht den Entwicklungsschritten des Konzeptionsprozesses, ergänzt um einen Vorspann sowie einen Zeit- und Kostenplan.

Zusammenfassung

Präsentationen sind dazu da, die Ergebnisse der eigenen Konzeptionsarbeit den internen oder externen Klienten nahe zu bringen und sie von der Richtigkeit der empfohlenen Vorgehensweise zu überzeugen. Das Ziel heißt Zustimmung und Auftrag.

Es gibt eine Reihe von Faustregeln und Empfehlungen, die zu einer gelungenen Präsentation beitragen:

- *Den Wettbewerb kennen:* Da Agenturen in den überwiegenden Fällen im Wettbewerb präsentieren, helfen die Kenntnisse über die Konkurrenten, um sich in der Darstellung markant abzugrenzen.
- *Nicht aus dem Rahmen fallen:* Im Spektrum zwischen Tischgespräch und multimedialer Inszenierung liegen die Spielvarianten für die Präsentationsform. „Man sollte sich für die passende entscheiden" mag manchem als Tipp zu banal klingen, ist es aber nicht: Wer sich mit Miniaturpappen vor einem 70-Personen-Auditorium im großen Saal verliert oder auch die große Beamerleinwand im Arbeitszimmer des dreiköpfigen Projektteams entfaltet, versteht das. Der Rahmen bestimmt die Form.
- *Die psychologische Dimension einschließen:* Erwartungen des Auftraggebers, seine Position, seine Art zu denken, sein Interesse sind mit bestimmend dafür, wie präsentiert wird: knapp und faktenreich oder überschwänglich kreativ. Die Psychologie bestimmt die Dramaturgie.
- *Ein klarer, persönlicher Präsentationsstil:* Nicht der aalglatte Vortrag beeindruckt, sondern Persönlichkeit, freie Rede und eine klare verständliche Sprache. Je überzeugter der Präsentator vom eigenen Konzept ist, umso überzeugender sein Vortrag.
- *Das maßgeschneiderte Team:* Nicht mehr als maximal vier Personen sollten zusammen präsentieren, wobei die persönliche Rolle eines Einzelnen auch die sein kann, nur in der anschließenden Diskussion Rede und Antwort zu stehen. Die Rollenteilung muss zuvor festgelegt und der Präsentationsablauf gemeinsam geprobt werden. Zum Team gehören bei einer Agenturpräsentation immer ein Geschäftsführer oder Büroleiter und die zukünftigen Ansprechpartner des Kunden, die eine möglichst hohe Affinität zu dem Auftrag haben sollten.

- *Eine überzeugende Dokumentation:* Nach der Präsentation, die 45 Minuten nicht überschreiten sollte, erhalten die Entscheider ein Booklet, in dem alle Schritte des Konzeptes sowie ein Zeit- und Kostenplan enthalten sind. Mithilfe dieser „Verkaufsbroschüre" können auch nach mehreren Präsentationen noch Einzelheiten nachvollzogen und sogar Dritte in die Entscheidungsfindung einbezogen werden.

10 Basis-, Projekt-, Detailkonzept Der Zwerg kehrt in den Mikrokosmos zurück

In diesem Kapitel verlassen wir den Makrokosmos der gesamten Heimzwergekampagne und widmen uns den Detailaufgaben. Denn nicht jeder kommt in die Situation, ein Basiskonzept zu entwickeln. Die meisten aber stehen irgendwann vor der Aufgabe, mit Kreativität und planerischer Genauigkeit ein Projekt- oder Detailkonzept aufstellen zu müssen.

Was das eine vom anderen unterscheidet, wozu Arbeitsplätze gut sind, und wie man es schafft, dass viele Köche nicht den Brei verderben, davon handelt dieses Kapitel. Nehmen wir an, die Heimzwerge haben ihren ersten Messeauftritt. Er besteht aus einer überschaubaren Zahl von Maßnahmen, die es jetzt zu verteilen gilt.

Basiskonzept

Ein Blick zurück: Wir sind in diesem Buch bisher von Basis- oder Gesamtkonzeptionen ausgegangen. Ein Basiskonzept beinhaltet eine eigenständige und umfassende kommunikative Problemlösung. Inhalt der Konzeption ist eine langfristige Kampagne oder eine langfristige Kommunikationsplanung.

Ein Basiskonzept baut auf einem Briefing des Auftraggebers auf und ist als schriftlicher Ausdruck einer Beratungsleistung zu verstehen. Insofern kann das Konzept im Ergebnis vom Briefing des Auftraggebers abweichen. Analyse, Strategieentwicklung und die Systematik der Umsetzung sind sein essenzieller Kern.

Ein Basiskonzept überprüft und berücksichtigt den Einsatz aller denkbaren kommunikativen Instrumente aus allen kommunikativen Disziplinen. Es beinhaltet eine Empfehlung, welche Instrumente eingesetzt werden sollen, um ein kommunikatives Problem zu lösen.

Das Konzept wird zur Präsentation in der Regel in Form sehr komprimierter Charts dargestellt und als Booklet dem Auftraggeber überlassen.

Berater in Agenturen haben naturgemäß weitaus häufiger mit dieser Form der Konzeption zu tun als ihre Kollegen der Abteilungen Kommunikation, interne Kommunikation, Werbung, Marketing und Öffentlichkeitsarbeit in Unternehmen. Den Agenturalltag bestimmt die Gleichzeitigkeit von thematisch höchst unterschiedlichen Aufträgen.

Projektkonzept

Eine Konzeptionsform, die den Alltag auch außerhalb des Agenturlebens bestimmt, ist das Projektkonzept.

Ein Projektkonzept beinhaltet ein Bündel von Maßnahmen, die in einem Zusammenhang stehen, aber nicht langfristig angelegt sind. Der Auftrag erfolgt entsprechend durch einen Projektkunden oder jenseits einer vertraglich vereinbarten Leistungsbreite.

Ein Projektkonzept beruht auf einer eindeutigen Aufgabenstellung. Die strategische Dimension ist im Briefing bereits geklärt, weil das betreffende Projekt wiederum Teil eines Gesamtkonzeptes sein wird. Die Agentur oder das Unternehmen, häufig auch beide zusammen in Aufgabenteilung, sind im wesentlichen operative Dienstleister. Sie steuern auf der Grundlage des Konzeptes die Umsetzung.

Messeauftritt Heimzwerge

Die Heimzwerge sollen erstmals auf der „Ambiente" gezeigt werden. Dann ist zwar klar, dass wir die Frage nach ihrer Positionierung nicht mehr neu denken müssen, wohl aber muss entschieden werden, wie wir uns entsprechend der Basisstrategie auf der Ambiente optimal präsentieren. Eine Messepräsentation ist keine einzelne Maßnahme, sondern als zeitlich auf die Messedauer begrenztes Projekt angelegt, das aus vielen Einzelmaßnahmen besteht. Dazu gehören beispielsweise:

- *Der Messestand*
  Er muss geplant und gestaltet werden. Vielleicht wird ein monumentaler Zwerg als Erkennungszeichen herausragen? Soll der Stand in Zukunft häufiger eingesetzt werden? Welche Gestaltungsrichtlinien der Garten & Schmuck GmbH müssen eingehalten werden? Wo sollte der Stand auf der Messe platziert werden? Wie hoch ist die Standmiete? Wer übernimmt die Anmeldung innerhalb welcher Anmeldefrist?

- *Die Standbetreuung*
  Mitarbeiter aus Marketing und Vertrieb der Garten & Schmuck GmbH werden auf der Messe präsent sein, um hier vor allem Kontakte zu knüpfen und die vorhandenen zu vertiefen. Wie präsentieren sie die Heimzwerge? Wie ist die Sprachregelung? In welcher Form dokumentieren sie ihre Gespräche?

- *Das Händlermaterial*
  Spezielle Unterlagen für Einkäufer des Handels müssen in großer Stückzahl auf der Messe vorliegen. Sind diese Unterlagen rechtzeitig in Druck gegangen? Gibt es Give-aways für Händler? Wer produziert das Material? Wer liefert es bis wann auf der Messe an?

- *Die Publikumsaktionen auf dem Stand*
  Händler und – so es sich um eine Publikumsmesse handelt – auch Endverbraucher besuchen den Stand, während sie über die Messe schlendern. Manche werden den Messekatalog durchgesehen haben und gezielt danach suchen. Wenn besondere Aktionen, wie angekündigte Präsentationen oder Vorführungen, stattfinden, steigt in aller Regel dieses gezielte Interesse. Aber Vorsicht: Manchmal führt der „Marktschreierwettbewerb“ auch das Gegenteil herbei.

- *Die Pressemappe*
  Jede Messe zieht Journalisten und besonders Fachjournalisten an, die sich dafür akkreditieren. Nicht selten haben diese Medien sogar eigene Stände auf den Messen. In der Regel gehört zu einer Messe ein Pressezentrum. Halten wir für Journalisten ausreichend attraktive Angebote parat? Enthält die Mappe ein Interview mit Rosi Scholz? Einthält sie Fotos der Zwerge?

- *Die Pressekonferenz*
  Wenn die Heimzwerge auf der Messe zum ersten Mal das Licht der Öffentlichkeit erblicken, ist zum Auftakt die Pressekonferenz eine naheliegende Maßnahme. Wen laden wir ein? Wo findet sie statt? Wie ist die Dramaturgie?

Die Reihe der Maßnahmen ließe sich noch fortsetzen um Promotionaktionen im Messeumfeld, Anzeigen in der lokalen Presse und dem Messekatalog, Vorfeldberichterstattung und vielem mehr. Ganz gleich, auf welchen Maßnahmenumfang sich die Garten & Schmuck GmbH in Abstimmung mit ihrer Agentur entscheidet: Hier wird es auf abgestimmtes Hand-in-Hand-Arbeiten und auf ein wirkungsvolles Ineinandergreifen der Einzelmaßnahmen ankommen. Das schlägt sich in der Aufbereitung des Projektkonzeptes nieder.

Die Maßnahmenbeschreibung im Projektkonzept ist detaillierter als in einem Basiskonzept. Während dort nur angemerkt werden müsste, dass ein Messeauftritt auf der „Ambiente" mit einem definierten Fokus und bestimmten flankierenden Maßnahmen (Pressekonferenz etc.) zu empfehlen ist, wird hier jede Einzelmaßnahme unter die Lupe genommen. Das Projektkonzept enthält viele Detailinformationen, u. a. Pläne der Messe, Entwürfe des Messestandes in verschiedenen Ansichten und Verteiler für die Einladung der Pressekonferenz.

Nur so kann ein genauer Zeitplan mit definierten Verantwortlichkeiten und Hinweis auf den Status aufgestellt werden. Er gehört in jedes Projektkonzept hinein. Hier ein Ausschnitt am Beispiel Heimzwerg mit Stand 1. Juni:

Maßnahme	To Do	Termin	Wer?	Status
Messestand	Entwurf und Kosten, Freigabe	15.05.	Geschäftsführung Garten & Schmuck	Okay
	Auftragserteilung Messebauer	01.06.	Abteilungsleitung Verkauf	Okay
	Ideen für Showelemente um Monumentalzwerg	15.07.	Snow & White Communications	Offen
	Interne Abstimmung und Entscheidung über Showelemente	15.08.	Abteilung Kommunikation / Geschäftsführung	Offen
	Freigabe, Produktion, Showelemente	16.08.	Abteilung Kommunikation	Offen
Presse-konferenz	Recherche, best-möglicher Termin	15.07.	Snow & White Communications	Offen
	Verteiler	06.08.	Snow & White Communications	Offen
Pressemappe	Entwurf Grundsatztext neuer Zwerg	05.08	Snow & White Communications	Offen
	Text „Garten & Schmuck" auf der Gartenmesse	05.08.	Snow & White Communications	Offen
	Programmübersicht	16.08.	Presseabteilung Garten & Schmuck	Offen
	Abstimmung Texte und finale Korrektur	19.08	Snow & White Communications	Offen

Vom Projektkonzept zum Detailkonzept

Wenn im übertragenen Sinne das Projektkonzept unter dem Mikroskop betrachtet eine Sammlung von Zellen wäre, dann betrachten wir jetzt die Einzelzelle, oder Einzelmaßnahme, die im *Detailkonzept* konzipiert wird.

Der Auftrag zu einem Detailkonzept beruht ebenfalls auf dem Basiskonzept und für Agenturen häufig auf einer Vertragsbeziehung mit einem Kunden. Das Detailkonzept bezieht sich auf einen klaren und abgesteckten Orientierungsrahmen: Ausgangslage und Zielsetzung sind vorab definiert und werden im Konzept auf den in Frage kommenden Handlungsrahmen hin modifiziert. Ein Detailkonzept beruht damit auch immer auf einem vorhandenen detaillierten und spezifischen Wissen zum Gegenstand.

Jedes Detailkonzept schließt einen detaillierten Arbeitsplan ein. Warum? Wie bei dem Projektkonzept ist dies die Grundlage für einen fruchtbaren arbeitsteiligen Prozess, in dem jedem möglichst transparent sein sollte, was die anderen Beteiligten tun und lassen werden. Das bewerkstelligt im Fall einer Broschüre oder eines Geschäftsberichtes in der Regel ein Heftplan. Darin wird seitenweise die Aufeinanderfolge der Kapitel, die Zuordnung von Bildmaterial und Themen so vorausgeplant, dass Grafiker, Texter und auch beispielsweise Fotografen genau erkennen können, welche Leistung sie beisteuern müssen.

Beispiel für einen Heftplan zur achtseitigen Broschüre „Das Heimzwerge-ABC“

Seite	Motiv	Text
Titelseite/ Umschlagseite 1	Heimzwergen-Parade Pack Shot/ Ambiente Dachgeschosswohnung.	Titeltext: Das Heimzwerge-ABC
Umschlagseite 2	Fond: Bildmotiv mit Küche und Koch-Zwerg	Impressum
Erste Innenseite	Fond: Bildmotiv mit Küche/ Bild: junge Frau am Kühlschrank.	Text: 10-Zeiler zum Kochzwerg mit persönl. Zitat
Zweite und dritte Innenseite	Panoramabild Blick vom Hometrainer mit Fitness-Zwerg auf einer Wohnstraße	Text: 10-Zeiler zum Fitness-Zwerg mit persönlichem Zitat
Vierte Innenseite	Serie mit Einzelbeschreibung in Vorderansicht	Namen der Zwerge
Umschlagseite 3	Fortsetzung Serie mit Einzelbeschreibung in Vorderansicht	Preisliste und Bezugsadressen
Umschlagseite 4	Bild von Vorderseite wird fortgeführt	Adresse Garten & Schmuck GmbH vollständig

Für Veranstaltungen haben sich Zeitpläne bewährt, die prozesshaft mit näherrückendem Termin zunehmend detaillierter werden und schließlich in ein Regiebuch münden. Daraus muss bei einer großen Veranstaltung wie etwa einem Kongress für jeden an der Organisation und Durchführung Beteiligten nicht selten im Minutentakt ersichtlich werden, an welcher Stelle er sich aufzuhalten, ein Mikrofon aufzustellen, eine Türe zu schließen, eine Garderobe zu eröffnen, einen Blumenstrauß zu überreichen hat.

Regiebücher gibt es, damit viele Köche nicht den Brei verderben und der erste Redner nicht mit dem legendären piepsenden Mikrofon zu kämpfen hat. Event Agenturen haben ihre eigenen Standards für solche Zwecke entwickelt. Hier soll in einfachster Form verdeutlicht werden, welchen Planungsgrad ein solches Regiebuch hat:

Ausschnitt aus einem Regiebuch zum Kongress „Zwerge als Beschützer“

Uhrzeit	To Do	Verantwortung
8:30 Uhr	Beschilderung aufstellen: Parkplatz nur für Besucher der Veranstaltung	Kongress & Partner GmbH, Herr Macher
8:45 Uhr	Professor Merkenberg, Universität Mörschede, trifft zur Mikrofonprobe ein	Anlage Gut GmbH, Herr Phon
9:00 Uhr	Hotelshuttle Herr Professor Merkenberg	Garten & Schmuck GmbH, Frau Riese
9:30 Uhr	Besetzung Garderobe, Eingang, Platzanweiser Großer Saal, Getränkestand im Foyer	Kongress & Partner GmbH, Frau Impro, Herr Torsteher
9:50 Uhr	Beginn Einlass	Kongress & Partner GmbH, Frau Impro, Herr Torsteher
10:55 Uhr	Türschluss Besetzung Technik	Kongress & Partner GmbH, Frau Impro, Herr Torsteher
11:00 Uhr	Begrüßungsrede Podium Aussteuerung Mikrofon	Garten & Schmuck GmbH, Geschäftsleitung, Stand by: Frau Riese Technik: Herr Phon
...	...	...

Die Metapher mit den Zellen hinkt keinesfalls, denn jede Maßnahme muss im Prinzip die gleiche Information enthalten und weitergeben wie die andere, damit das Gesamtziel, das im Basiskonzept grundlegend definiert wurde, erreicht werden kann. Der Mikrokosmos bildet in seiner Summe den Makrokosmos.

Merke: Vom Basiskonzept, in dem eine kommunikative Problemlösung umfassend entwickelt wird, zum Detailkonzept sinkt der Zeithorizont und steigt der Grad der operationalisierten Genauigkeit, mit dem einzelne Maßnahmen beschrieben und geplant werden. Zeit- und Arbeitspläne sind deshalb fester Bestandteil von Projekt- und Detailkonzepten. Damit können extrem arbeitsteilige Prozesse mit größtmöglicher Transparenz für alle Beteiligten gesteuert werden. Projekt- und Detailkonzepte erfüllen Teilziele des zu Grunde liegenden Basiskonzeptes und müssen die Gesamtstrategie stützen. Sie sind insofern zwar einzigartige Lösungen, brechen aber nie aus dem Orientierungsrahmen des Basiskonzeptes aus.

Zusammenfassung

Auf dem Weg vom Makrokosmos zum Mikrokosmos sinkt die Anforderung, kommunikationsstrategische Grundlagenentscheidungen zu treffen. Gleichzeitig steigt die Anforderung im kleinsten Detail strategiegenau zu sein.

Ein Projektkonzept beinhaltet die detailgenaue Planung mehrerer zusammenhängender Maßnahmen (beispielsweise auf einer Messe). Ein Detailkonzept widmet sich einer ausgewiesenen Einzelmaßnahme, die seitenweise oder im Minutentakt vorausgeplant wird.

Dazu enthält das Konzept Zeit- und Arbeitspläne, die wie Drehbücher funktionieren und das arbeitsteilige Vorgehen erfolgreich unterstützen.

11 Kleines Kommunikationslexikon

In unserem Buch haben wir eine Reihe von Begriffen bereits definiert, ihnen sogar ganze Kapitel gewidmet. Andere Begriffe haben wir nur erwähnt, können sie aber nicht als zweifelsfrei bekannt voraussetzen. Viele weitere sollte man kennen, auch wenn sie im vorangegangenen Teil nicht erwähnt wurden. Zum besseren Verständnis dient dieser Anhang. Unser Kommunikationslexikon folgt dem Gedanken, den wir im ersten Kapitel formuliert haben. Wir sprechen über Kommunikation und meinen damit die Summe der Disziplinen und Instrumente. Deshalb haben wir zahlreiche Begriffe aus der Onlinekommunikation, der Werbung, dem Marketing oder der Finanzkommunikation aufgenommen. Trotz alledem erhebt es keinen Anspruch auf Vollständigkeit.[35]

Ad Impression

Nach einer Empfehlung des Deutschen-Direkt-Marketing-Verbandes (ddmv) steht der Begriff Ad Impressions für messbaren Werbemittelkontakt. Er bezeichnet die Anzahl der von den Nutzern abgerufenen (requested) Werbemittel vom Server eines Werbeträgers oder anderen Ad-Servers. Die Ad Impressions sollen über Re-directs (automatische Wiederaufrufe der Seite) erfasst werden. Als Werbemittel gelten nicht nur Banner sondern auch andere interaktive Werbeformen im Netz.

Agenturbriefing → siehe Kapitel 2

35 Ausführlichere Lexika: Klaus Merten, Das Handwörterbuch der PR (2 Bände), Frankfurt am Main 2000 (Leseproben und Bestellmöglichkeit im Book-Shop: www-go-for-it.de); Wolfgang J. Koschnick, Standard-Lexikon Werbung, Verkaufsförderung, Öffentlichkeitsarbeit, München u. a. 1996.

Aktienmarketing

Aktien sind Desiderate (abgeleitete Werte) von Unternehmensmarken. Aktienmarketing hat das Ziel, eine Aktie im Kapitalmarkt zu positionieren und damit Nachfrage und Wert zu steigern. Dabei kommen neben den Instrumenten der Investor Relations (IR) alle Kommunikationsinstrumente zum Einsatz. Allerdings unterliegt das Aktienmarketing den strikten Regelungen, z.B. Börsengesetz, am Kapitalmarkt und bedarf daher spezieller Kenntnisse.

Analyse → siehe Kapitel 3

Arenen/öffentliche Arenen

In der Kommunikationsarbeit sind die Arenen, oder besser öffentlichen Arenen, die Orte, an denen die gesteuerte und konzeptionell angelegte Kommunikation mit Teilöffentlichkeiten stattfindet. Wie der Name schon sagt sind es Bühnen, die von unterschiedlichen Akteuren mit Partikularinteressen bespielt werden. „Der Begriff beschreibt bildhaft die Vieldimensionalität und die Dynamik, die den öffentlichen Raum prägen."[36] Medien sind dann Arenen, wenn sie zum Schauplatz öffentlicher Auseinandersetzungen werden. Die widerstreitenden Interessen bei der Gesetzgebung werden in politischen Arenen, wie dem Bundestag oder den Enquête-Kommissionen, ausgetragen. Wichtig ist es, die Arenen für die jeweilige Kommunikationsaufgabe zu identifizieren, um später die Maßnahmen dort auch anzusiedeln.

Ausgangslage → siehe Kapitel 3

Basiskonzept/Projektkonzept/Detailkonzept → siehe Kapitel 10

Basispresse-Paket

Das Basispresse-Paket bezeichnet die zweckorientierte Zusammenstellung von Presseinformationen zu Produkten, Services und Themen eines Unternehmens oder einer Organisation. Wie bei einer Pressemappe ist es möglich, dieses Paket an Journalisten zu versenden oder bei Presse-Events zu überreichen. So kann das Basispresse-Paket eines Unter-

---

36 Michael Behrent, Peter Mentner, Public Campaigning, Münster 2001.

nehmens beispielsweise einen Hintergrundtext über die Historie, Angaben zu den aktuellen Fakten und Geschäftszahlen, Presseinformationen zu den vom Unternehmen hergestellten Produkten sowie passendes Fotomaterial enthalten.

Booklet

Das Booklet enthält das niedergeschriebene Konzept – in Charts (Folien) oder in Fließtext. Es dient zur Dokumentation und ist Entscheidungshilfe für den Auftraggeber im Fall einer Präsentation. Das Booklet ist nach den Schritten der Konzeptentwicklung in Kapitel untergliedert, benennt das Konzeptionsteam und enthält im Anhang Planungsübersichten und die Budgetierung. Es ist die Visitenkarte des Konzeptionsteams oder der Agentur, die es erstellt hat.

Botschaften → siehe kommunikative Botschaften

Briefing → siehe Kapitel 2

Briefingunterlagen

Beim Agenturbriefing werden dem Auftragnehmer meist weiterführende Informationen mitgegeben. Dies können Eigenmedien des Auftraggebers vom Geschäftsbericht bis zum Produktflyer, Unternehmensfilme, CD-ROMs, Marktforschungsstudien, Unternehmenspräsentationen oder eigens für das Briefing erstellte Auftragspapiere sein. Es gilt, im ersten Schritt die für die Aufgabe relevanten Briefingunterlagen von den weniger wichtigen zu trennen.

Budget

Das Budget benennt den finanziellen Rahmen, der für einen bestimmten Zeitraum für die Konzeption und Durchführung von PR-Maßnahmen zur Verfügung steht. Es sollte den Planern von Kommunikationsprozessen bekannt sein, damit sie valide und realitätsnahe Zeit- und Maßnahmenpläne aufstellen können. Ein Budgetplan gibt eine erste Orientierung über die Verteilung der Geldmittel und ist – wenn von einer Agentur oder einem Dienstleister erstellt – noch kein konkretes Angebot. Die genaue Kalkulation für die einzelne Maßnahme sollte sich aber an den Vorgaben des Budgetplans orientieren. Große Abweichungen müssen begründet sein.

Click

Ein Click ist der Aufruf einer Website durch Aktivieren eines Hyperlinks (Textlink, Button, Banner). Die Anzahl der Pageviews dividiert durch die Anzahl der Clicks ergibt die prozentuale Click-Through-Rate. Diese Zahl ist dann relevant, wenn das oberste Ziel einer Bannerkampagne darin besteht, möglichst viele Nutzer auf den Server des Werbetreibenden zu holen, etwa wenn ein Produkt online verkauft werden soll. Die Click-Through-Rate kann durch mehrere Faktoren beeinflusst werden, wie z. B. die Zielgruppenaffinität der Platzierung, die Bannergestaltung oder das beworbene Produkt. Die Click-Through-Rate ist demnach ein wichtiger Indikator für den Erfolg einer Kampagne und die Qualität der Banner.

Clipping-Dienst

Clipping-Dienst bezeichnet einen Dienstleister, der sich auf die Medienbeobachtung spezialisiert hat. Dabei werden Medienbeiträge nach zuvor festgelegten Suchbegriffen gesammelt, mit Angaben zum Publikationsorgan, Erscheinungsdatum und Auflage versehen und gegen Gebühr zugestellt. Sowohl die Presseabteilungen von Unternehmen als auch PR-Agenturen beauftragen für ihre Kunden Clipping-Dienste, um das mediale Bild des eigenen Unternehmens oder des kompetitiven Umfelds zu beobachten.

Coaching

Coaching bedeutet die personenbezogene Beratung und Hilfestellung in öffentlicher Kommunikation. Das kann die Beratung des Vorstandsvorsitzenden in einer Krise sein, aber auch die mittelfristige Unterstützung von Führungskräften, die sich professionell in ihren öffentlichen Auftritten vor Mitarbeitern, Kunden oder in den Medien supervidieren und verbessern lassen wollen. Oft entscheiden wenige Augenblicke beim TV-Auftritt oder eine gelungene Präsentation vor Entscheidern über Erfolg oder Misserfolg der eigenen Arbeit. Das Risiko von Misserfolgen durch einen unprofessionellen Auftritt kann mit einem guten Coach entscheidend minimiert werden. Coaching setzt viel Erfahrung und vor allem Fingerspitzengefühl im Umgang mit Persönlichkeiten und in der personenbezogenen Beratung voraus. In den Führungsetagen gehört Coaching zu den professionellen Management-Skills.

Community Affairs

Community Affairs bezeichnet in der Öffentlichkeitsarbeit die Kommunikationsbeziehungen eines Unternehmens in der Region, in der dieses angesiedelt ist. Werden diese Kommunikationsbeziehungen erfolgreich gepflegt, kann eine Region zum positiven Imagefaktor für ein Unternehmen werden und umgekehrt. Aber auch für Unternehmen, die in der Region als äußerst umstritten gelten – etwa Atomenergie-Versorger mit Arbeitnehmern auf der einen und Umweltaktivisten auf der anderen Seite – sind Community Affairs elementarer Bestandteil der Öffentlichkeitsarbeit.

Corporate Affairs → siehe Corporate Communications

Corporate Brand

Corporate Brand bezeichnet die Dachmarke eines Unternehmens, die auch unterschiedliche Produkt- oder Unit-Brands unter sich vereinen kann. Der Corporate Brand, die Unternehmensmarke, bildet die Klammer aller Submarken.

Corporate Communications

Corporate Commmunications ist – in Abgrenzung zu Marken- oder Produktkommunikation – die Unternehmenskommunikation. Sie bezeichnet alle kommunikativen Aktivitäten einer Organisation, die sich auf die Vermittlung der Unternehmensinteressen in die unterschiedlichen Öffentlichkeiten beziehen. Dabei kommen alle jeweils erforderlichen Kommunikationsinstrumente zum Einsatz wie Medienarbeit, Events, Werbung, Internet oder Sponsoring. Corporate Communications prägen das Image der Unternehmensmarke.

Corporate Identitiy

Die Corporate Identity (CI), wörtlich übersetzt die Unternehmensidentität, setzt sich zusammen aus dem Verhalten, der Kommunikation und dem Erscheinungsbild eines Unternehmens und seiner am Markt angebotenen Leistungen und Produkte. Corporate Identity als prozesshafte Aufgabe ist daher die strategisch geplante und operativ eingesetzte Selbstdarstellung und Verhaltensweise eines Unternehmens nach innen und außen. Kommunikativ bedeutet dies eine einheitliche, unverwechselbare Ausrichtung aller Handlungen. Fälschlicherweise wird CI manchmal verkürzt nur als CD, also Corporate Design, äußeres Erscheinungsbild, verstanden.

Säulen der Corporate Identity sind ein genau definiertes Unternehmensimage, eine festgelegte Unternehmensphilosophie und genau formulierte Unternehmenszielsetzungen. Corporate Identity beschränkt sich längst nicht mehr auf Wirtschaftsunternehmen, sondern wird auch in sozialen Organisationen als zentraler Erfolgsfaktor genutzt.

Crawler

Crawler oder Web-Crawler sind spezielle Suchmaschinen, die das Internet selbstständig auf neue Informationsangebote durchforsten. Dabei kommen meist so genannte Agenten oder Robots zum Einsatz, die – mit bestimmten Suchbegriffen gefüttert – auf ihrer Reise durch das Web alle Seiten registrieren, in denen die gewünschten Begriffe in der einen oder anderen Form enthalten sind, zumeist in Form von Meta-Tags oder Keywords.

Credibility Gap

Credibility Gap (Glaubwürdigkeitslücke) entsteht überall dort, wo Vertrauen enttäuscht, ein Leitbild missachtet und Glaubwürdigkeit konterkariert wird. Oder anders ausgedrückt: wenn das Handeln und Verhalten von Personen, Unternehmen oder Organisationen nicht dem Image entspricht, das diese in der Öffentlichkeit haben. Prominente Beispiele finden sich immer wieder in der Politik, wo zumeist opportunistisches oder widersprüchliches Handeln zum Problem wird. Diese Kluft kann im Einzelfall unüberwindbar werden, vor allem dann, wenn Politiker einer Lüge überführt werden: Barschels Ehrenwort oder Ulbrichts „keine-Mauer-Versprechen". In der praktischen PR-Arbeit, insbesondere im Rahmen der Krisen-PR, ist Credibility Gap ein wichtiger Faktor bei der Auswahl von Spokesmen. Die Glaubwürdigkeit des Sprechers ist eine entscheidende Determinante der Kommunikationswirkung.

Cross Media
Bei Cross Media geht es darum, zentrale Inhalte – etwa Unternehmens- oder Produktinformationen – gleichzeitig über verschiedene mediale Darstellungsformen zu kommunizieren. Diese können dann miteinander synergetisch verknüpft werden, indem sie aufeinander verweisen (beispielsweise Printmedien auf Online-Medien).

Dialoggruppen
→ siehe Kapitel 5

Digitale Kommunikation
Digitale Kommunikation bezeichnet die Kommunikation mittels digitaler Medien. Dementsprechend wird der Begriff in Verbindung mit webbasierten Instrumenten wie E-Mail, Chats, Instant Messenger, Newsletter oder Diskussionsforen benutzt.

Direct Mailing
Direct Mailing ist ein Sammelbegriff für alle Formen direkter schriftlicher Ansprache der Einzelpersonen definierter Zielgruppen. Gemeint ist dabei vor allem Briefwerbung auf dem klassischen Postweg. In neuerer Zeit wird verstärkt das elektronische Mailing per Internet oder E-Mail eingesetzt, um noch schneller und unmittelbarer eine direkte Ansprache der Zielgruppe zu erreichen.

Dispositionsgruppen/Neigungs-/Interessengruppen
→ siehe Kapitel 5

Dramaturgie
Die Dramaturgie ist die entscheidende planerische Kategorie, um den Kommunikationsprozess so auszusteuern, dass er sich an feststehenden öffentlichen und unternehmensgebundenen Ereignissen ausrichtet und Maßnahmen sinnvoll und sich verstärkend aufeinander bezieht. Die Dramaturgie macht aus sachlich richtig begründeten Einzelmaßnahmen einen inszenierten und steuerbaren Prozess.

e-business

e-business bezeichnet alle Formen elektronischer Geschäftsprozesse und umfasst alle Unternehmen, deren Geschäftsabläufe auf dem Internet basieren, z. B. durch den Einkauf oder Vertrieb von Produkten und Dienstleistungen über Websites. Das kann die Beziehungen zu Geschäftspartnern (Business-to-Business/B2B), Endverbrauchern (Business-to-Consumer/B2C), Mitarbeitern (Business-to-Employee/B2E) oder zur Verwaltung (Business-to-Government/B2G) betreffen.

Die PR für e-business-Unternehmen unterscheidet sich besonders in einem Punkt von der PR für klassische Unternehmen: Geschwindigkeit. Das schnelle, permanent verfügbare und hoch transparente Medium Internet verursacht einen harten Wettbewerb und erfordert kurze Reaktionszeiten. Gleichzeitig zwingt der rasche technologische Wandel des Mediums zu permanenter Lernbereitschaft der PR-Verantwortlichen.

eCommerce

eCommerce meint die Vermarktung und den Handel von Produkten und Dienstleistungen über das Internet. In der Regel betrifft dies den Handel zwischen Unternehmen und Endverbrauchern (B2C). eCommerce ist demnach nur ein Aspekt, jedoch kein Synonym für e-business.

Environmental Relations

Environmental Relations bezeichnet eine Spezialdisziplin der Öffentlichkeitsarbeit – die Umweltkommunikation oder Öko-PR. Environmental Relations konzentrieren sich auf umweltbezogene Unternehmen, Institutionen oder Themen. In der Regel geht es häufig darum, mit allen verfügbaren PR-Maßnahmen das Umweltbewusstein einer Zielgruppe zu schärfen oder das umweltpolitische Engagement etwa eines Unternehmens herauszustellen. Während in den vergangen 20 Jahren Environmental Relations zu einer immer wichtigeren Spezialdisziplin geworden ist, wird das „Öko"-Label in jüngster Zeit eher gemieden. Zu sehr werden mit dem Begriff alte Glaubenskriege assoziiert. Dennoch kann man es auch als ein Verdienst der Öko-PR betrachten, dass Verbraucher heute mehr denn je auf Umweltstandards achten.

Evaluation

Evaluation von Kommunikationsprozessen meint die Erfolgs- oder Wirkungskontrolle. Mit Methoden wie Medienresonanzanalyse, Markt- und Meinungsforschung oder kleineren Feed-back-Schleifen für Einzelmaßnahmen im PR-Konzept wird die Wirkung und Wirksamkeit von Kommunikationsmaßnahmen, einzelnen Phasen oder auf lange Sicht überprüft. Voraussetzung für die Messung von Wirkung ist die Definition von gewünschten Ergebnissen. Dies findet vor allem mit der Bestimmung der Kommunikationsziele statt.

Event-PR

Events – zu deutsch Veranstaltungen – haben sich zu einem vielgenutzten Kommunikationsinstrument entwickelt. Event-PR schafft außergewöhnliche Anlässe, setzt sie in Szene und erzielt damit Medienberichterstattung. Das Bekanntmachen und Werben für einen Event bei den anvisierten (Teil-)Öffentlichkeiten wird „event promotion“ genannt. Event-PR beschreibt ein beliebtes und vielfältiges Kommunikationsinstrument zur Erhöhung des Bekanntheitsgrades. Produkteinführungen, Eröffnungen oder etwa Betriebsfeste bieten Anlässe für Event-PR.

Faktenverschränkung

In der Ausgangslage werden die für die PR-Aufgabe notwendigen Fakten und Informationen zusammengetragen. Aber erst die Selektion der wichtigen Fakten und ihre sinnfällige Verschränkung lässt weitergehende Schlussfolgerungen für den Konzeptionsprozess zu. Faktenverschränkung stellt neue Zusammenhänge her und deckt damit Widersprüche bzw. Chancen und Risiken auf.

Fazit → siehe Kapitel 3

Feedback-Planung

Die Feedback-Planung ist Teil der Taktik- oder Maßnahmenplanung. Sie beschreibt die Maßnahmen, die notwendig sind, um die Wirkung des Kommunikationsprozesses laufend zu überprüfen und ist damit Teil der Evaluation.

Finanzkommunikation

Finanzkommunikation umfasst alle Aktivitäten von Unternehmen oder Organisationen, die für die öffentliche Wahrnehmung im Finanz- oder Kapitalmarkt relevant sind und richtet sich sowohl an externe (z. B. Medien, Analysten, Investoren) als auch interne Zielgruppen (z. B. Führungskräfte, Mitarbeiter). Die Kunden von Unternehmen und Institutionen der Finanz- und Versicherungswirtschaft stehen hauptsächlich im Fokus der Finanzkommunikation. Sowohl Banken als auch Versicherungskonzerne bringen immer mehr Produkte zur Altersvorsorge, zum Vermögensaufbau oder zum Immobilienerwerb auf den Markt. Mit gezielter PR für Finanzprodukte kann die Wahrnehmung einzelner Angebote deutlich erhöht werden.

Folgenabschätzung → siehe Szenario

Fundraising

Als „the gentle art of teaching the joy of giving" bezeichnete einst Henry A. Rosso, Begründer der Fundraising School, diesen Tätigkeitsbereich, bei dem die benötigten Ressourcen ohne marktadäquate materielle Gegenleistung beschafft werden. Dabei geht es nicht nur um Finanz-, sondern auch um Sach-, Dienst- und Arbeitsleistungen sowie Rechte und Informationen. Klassischerweise sind es Non-Profit-Organisationen, die der Tätigkeit des Fundraising nachgehen – auch um damit ihren satzungsgemäßen Zweck zu erfüllen und ihrem steuerlichen Status gerecht zu werden. Fundraising zielt als Marketingprinzip darauf ab, die Tätigkeiten einer Organisation an ausgewählte gegenwärtige und potenzielle Förderer heranzutragen. Erfolgreiches Fundraising entsteht auf Basis einer langfristig angelegten Kommunikationsstrategie für die Beschaffung von Ressourcen. Für den Sponsor muss ersichtlich werden, welche Imagevorteile sich aus seinem Engagement ergeben.

Glaubwürdigkeitslücke → siehe Credibility Gap

Going-public-PR

Die Going-public-PR ist ein Teilbereich der Investor Relations. Die Kommunikation fokussiert insbesondere im Vorfeld eines Börsenganges bzw. IPO (Initial Public Offering) auf Meinungsbildner der Financial Community (Analysten, aber auch Schlüsselmedien) und Investoren (Entscheidungsträger). Aufgrund gesetzlicher Regelungen erfordert die kommunikative Begleitung eines IPO ausgewiesene Fachkenntnisse.

Governmental Relations

Governmental Relations bezeichnet Aktivitäten von Unternehmen und anderen Akteuren zur Pflege von Kontakten und zum fachlichen Austausch mit Regierung und Administration. Governmental Relations verfolgen die Einbringung von Interessen und Wissen in den Prozess der Gesetzgebung.

Human Relations → siehe Interne Kommunikation

Image

Ein Image ist das Bild, das von einem Unternehmen, einer Organisation, einem Produkt oder einer Person in der Öffentlichkeit existiert. Einem Image liegen aber keine differenzierten, objektiven Urteile zu Grunde: Es entsteht eher durch (sozial-)psychologische und mediale Prozesse, die eine Verallgemeinerung und Heraushebung einzelner Eigenschaften und damit eine positive oder negative Bewertung einschließen. Diesen subjektiven Prozessen liegt eine Informationsverarbeitung zu Grunde, die durch eine Vielzahl von Kommunikations-Maßnahmen beeinflusst werden kann. Verschiedene Imagefaktoren wirken wechselseitig zusammen.

Imageanalyse

Grundlage eines jeden Kommunikationskonzeptes ist eine sorgfältige Analyse der Ausgangssituation. Teil dieser Situationsanalyse ist die Imageanalyse, in der interne und externe Images eines Unternehmens, einer Organisation oder einer Institution untersucht und identifiziert werden. Ein Image setzt sich aus einer Vielzahl einzelner, wertender Informationen zusammen, die sich zu einem kollektiven, fiktionalen Bild über einen Beziehungsträger vereinen. Aufgabe der Imageanalyse muss sein, ein Image wieder in seine einzelnen Bestandteile aufzusplitten und Imagemerkmale zu isolieren. Damit soll gezielt in die Imagegestaltung eingegriffen werden. Zur Erhebung einer Imageanalyse können Markt- und Meinungsforschungsinstrumente eingesetzt oder aber punktuell repräsentative Meinungen von Individuen aus wichtigen Zielgruppen abgefragt werden.

Infobrokerage

Infobrokerage bezeichnet das Maklergeschäft, den Handel mit relevanten Informationen. Diese werden vor allem für Entscheidungsträger in Wirtschaft, Gesellschaft und Politik generiert. Der Informationbroker gewinnt in der so genannten Knowledge-Economy (Wissensökonomie) zusehends an Bedeutung. Im angelsächsischen Raum organisieren sich Informationbroker häufig in think tanks (Denkfabriken). Sie verfügen über umfangreiche Erfahrungen und Kontakte in der Medienbranche, den Universitäten und Bildungseinrichtungen, Unternehmensberatungen sowie innerhalb der Politik.

Infomercial

Infomercial ist eine englische Wortschöpfung aus den Begriffen Information und Commercial und bezeichnet einen Werbespot, der einen eindeutigen Informationscharakter hat, d. h. vornehmlich über einen Sachverhalt aufklärt. Da natürlich auch hier für/um etwas geworben wird, verläuft die Grenze zwischen Information und Werbung fließend.

Informationsgesellschaft → siehe Mediengesellschaft

Innerbetriebliche Kommunikation → siehe Interne Kommunikation

Integrierte Kommunikation

Integrierte Kommunikation zielt darauf ab, die unterschiedlichen Kommunikationsmittel und -instrumente, die einem Unternehmen sowohl intern als auch extern zur Verfügung stehen, und die auch eingesetzt werden, aufeinander abzustimmen und zu einer effizienten und konsistenten Gesamtkommunikation zusammen zu führen.

Interessengruppen-/Dispositions-/Neigungsgruppen → siehe Kapitel 5

Interne Kommunikation

Die englischen Begriffe „Inner Relations" und „Human Relations" werden synonym zum deutschen Terminus „Interne Kommunikation" verwendet. Gemeint ist die Gestaltung des Kommunikationsprozesses innerhalb von Unternehmen und Organisationen. Bereits Mitte der fünfziger Jahre stellte Edward L. Bernays fest: „PR begins at home". Das gilt heute mehr denn je: Rasante Strukturveränderungen in Wirtschaft und Politik zwingen Unternehmen zu Anpassungsprozessen. Neue Informationstechnologien beeinflussen sowohl die Marktbeziehungen als auch die Organisationskultur von Unternehmen. Die erfolgreiche Gestaltung dieser Prozesse erfordert eine aktive Einbeziehung der Mitarbeiter, um ein hohes Maß an Identifikation, Kooperationsbereitschaft, Loyalität und Motivation zu erreichen. Hierbei hat Interne PR eine entscheidende Bedeutung. Für sie stehen eine Reihe spezifischer Instrumente zur Verfügung, die von der klassischen Mitarbeiterzeitung über Führungskräfteworkshops und interne Events bis hin zu komplexen, interaktiven Info-Terminals, Intranets und internen Kampagnen reichen. Innerbetriebliche Kommunikation bedient alle Funktionen Interner Kommunikation, nämlich Information, Motivation, Identitätsstiftung und Integration sowie die nach außen wirkende Botschafterfunktion.

Intranet

Unter Intranet versteht man ein meist internet-basiertes aber nur für eine geschlossene Benutzergruppe zugängliches computergestütztes Informationssystem. Intranets dienen der internen Kommunikation und der Informationsvermittlung in Unternehmen und Organisationen.

Investor Relations

Investor Relations (IR) beschreibt die Kommunikation einer börsennotierten Aktiengesellschaft oder eines potenziellen IPO-Kandidaten mit tatsächlichen und potenziellen Anteilseignern (z. B. Aktionäre, Investoren) sowie mit Meinungsbildnern und Multiplikatoren (z. B. Finanzanalysten, Anlageberatern und Medien) über das vergangene, laufende und vor allem zukünftig erwartete Geschäft des Unternehmens. Ziel ist eine positive Unternehmensbewertung von Seiten der Financial Community, wobei hierfür neben „harten" zunehmend auch „weiche" Faktoren wie Image, Unternehmenskulturen oder gesellschaftliche Verantwortung eine Rolle spielen. Dementsprechend breit kann das Instrumentarium der IR gefasst werden, wie die Übernahme von Mannesmann durch Vodafone anschaulich demonstrierte. Der anhaltende Trend zu Transaktionen weltweit (Mergers & Aquisitions, Investments/ Desinvestments) schlägt sich auch auf die Bedeutung von Investor Relations nieder.

Issue Management

Erfolg und Misserfolg von Unternehmen und Organisationen hängen entscheidend von Bekanntheitsgrad und Image ab, sowie von ihren Standpunkten und Verlautbarungen in der öffentlichen Diskussion.

Issue Management (Themenmanagement) dient dabei als strategisch geleiteter Prozess zur Steuerung der Meinungsbildung. Es geht darum, frühzeitig Einfluss auf die öffentliche Diskussion zu nehmen, um Krisen vorzubeugen und positive Stimmung für ein Unternehmen zu verbreiten. Im Rahmen des Issue Management werden zunächst diejenigen Themen identifiziert, die für ein Unternehmen relevant sind, z.B. Öko-Steuer, Tarifverhandlungen, Ladenöffnungszeiten etc. Im Anschluß werden sie in die strategische Kommunikationsplanung eingeschlossen und Teil der eigenen Kommunikationsdramaturgie.

Kampagne

Eine Kampagne ist ein kommunikativer „Feldzug“ in den Arenen der Öffentlichkeit. In einem definierten Zeitraum sollen bestimmte Kommunikations-, Marketing-, oder Politikziele erreicht werden. Die militärische Herkunft des Begriffs ist kein Zufall. Eine Kampagne braucht gute Planung, eine überzeugende Strategie – und dann vor allem taktische Flexibilität mit massivem und integriertem Mitteleinsatz. Nur so kann sie auf den „Schlachtfeldern” der Öffentlichkeit erfolgreich sein.

Keyword

Ein Keyword ist ein Schlagwort, das in der Kopfzeile (Head) eines HTML-Dokuments verwendet wird, um seinen Inhalt grob zu skizzieren und schnell erfassbar zu machen. Keywords sind mit zusätzlichen Informationen hinterlegt, wie zum Beispiel Autor, Stichworte oder Erscheinungsdatum.

Durch dieses sogenannte Keyword Stuffing bieten gut gewählte Keywords die Möglichkeit, die Suchergebnisse und das Ranking zu verbessern. Die meisten Suchmaschinen verwenden diese Informationen, um eine Seite in ihren Datenbestand einzuordnen und die Suchergebnisse anzuzeigen.

Kommunikationsberatung

Unter Kommunikationsberatung versteht man all jene beratenden Leistungen, die auf die kommunikativen Aktivitäten eines Unternehmens oder einer Organisation abzielen. Diese Dienstleistungen werden von entsprechenden Agenturen – beispielsweise PR- oder Werbe-Agenturen – oder einzelnen Beratern angeboten und gegenüber dem Kunden erbracht.

Kommunikationsberatung ist eine Integrationsaufgabe und führt zu einer konsistenten Gesamtkommunikation. Kommunikationsberatung kann sich auch auf einzelne Felder der Kommunikation beschränken, beispielsweise auf die Gestaltung eines Corporate Design oder die kommunikative Begleitung einer Unternehmenskrise. In jedem Fall ist sie eine Management- und Steuerungsaufgabe.

Kommunikationsdienstleistung

Unter Kommunikationsdienstleistung werden diejenigen Leistungen verstanden, die von Agenturen oder Beratern dem Kunden gegenüber auf der operationalen Ebene erbracht werden. Angesichts der zahlreichen Bausteine, aus denen sich die Gesamtkommunikation eines Unternehmens zusammensetzt, reichen die Beispiele für Kommunikationsdienstleistungen von konzeptionellen und kreativen Aufgaben für die Bewerbung eines Produktes bis hin zu organisatorischen und redaktionellen Arbeiten. Im Konzept sind die Kommunikationsdienstleistungen die Maßnahmen.

Kommunikationsflow

Der Begriff Kommunikationsflow bezeichnet – quasi als Ableitung von work-flow – den Informationsfluss oder die Informationsströme unter den Mitarbeitern eines Unternehmens, die vor allem im Dienstleistungsgewerbe als wertschöpfungsrelevanter Faktor an Bedeutung gewinnen. Der Begriff effizienter Kommunikationsflow meint die Bereitstellung der richtigen Informationen zum richtigen Zeitpunkt im richtigen Bedeutungszusammenhang.

Diese Kommunikationsprozesse können durch eindeutige interne Strukturen gefördert und in effiziente Bahnen gelenkt werden. Ein weites Feld von Möglichkeiten bietet der Einsatz der Intra- und Internet-Technologie im innerbetrieblichen Kommunikationsprozess. Neben diesen formellen Prozessen existiert in nicht zu unterschätzendem Maß die informelle Kommunikation, die sich abseits vom Dienstweg, unter den Mitarbeitern entwickelt.

Kommunikationsforschung

Auf den allgemeinsten Nenner gebracht beschäftigt sich die Kommunikationsforschung mit zwischenmenschlicher Kommunikation. Anhand der so genannten Lasswell-Formel von 1948: „Who says what in which channel to whom with what effect?" lassen sich die Forschungsgebiete und -aufgaben differenzieren und mit den Begriffen Kommunikatorforschung, Aussageanalyse, Medienanalyse, Publikumsanalyse und Wirkungsforschung benennen.

Neben der Kommunikationswissenschaft betreiben zahlreiche andere Wissenschaften Untersuchungen zur individuellen und sozialen Kommunikation, so z.B. Linguistik, Psychologie, Pädagogik, Soziologie und Politologie, Philosophie, Physiologie, Publizistik, Nachrichtentechnik, Mathematik und Informatik oder Datenverarbeitung.

Kommunikationsinstrumente

Kommunikationsinstrumente sind die Werkzeuge, mit denen Zielgruppen erreicht und angesprochen werden sollen. Dabei orientieren sich die Instrumente an den Interessen, Bedürfnissen, Erwartungen und vor allem dem Nutzerverhalten der Zielgruppen.

Instrumente externer Kommunikation sind beispielsweise Pressemitteilungen, -gespräche, -konferenzen, Imagebroschüren, Sponsoring, Events, Messen oder Lobbying. Instrumente interner Kommunikation sind Mitarbeiterzeitschriften, Intranet und andere.

Kommunikationskonzepte

Kommunikationskonzepte sind logisch entwickelte Planungspapiere für die erfolgreiche Lösung von Kommunikationsaufgaben. Sie dienen als Steuerungsinstrument dem abgestimmten kommunikativen Handeln einer Organisation oder eines Unternehmens und all seiner kommunikativen Akteure – auch unterschiedlicher Disziplinen. Das Kommunikationskonzept muss immer im Einklang mit Unternehmensstrategien und -zielen stehen. Kommunikationskonzepte folgen wie auch PR-Konzepte einem logischen Aufbau. Zunächst werden in der Ausgangslage alle für die Lösung der Aufgabe relevanten Fakten zusammengetragen und bewertet. Daraus folgt die Konkretisierung der kommunikativen Aufgabenstellung, aus der Ziele und Zielgruppen entwickelt werden. Denkerischer Kern des Kommunikationskonzeptes ist die Erarbeitung der Positionierung und der Strategie. Sie beschreibt den „Hebel" mit dem das Problem oder die Aufgabe gelöst wird. Davon wird in der Umsetzung oder Taktik die Maßnahmendramaturgie abgeleitet.

Kommunikationskulturen

Verschiedene Organisationen verfügen auch über eine unterschiedliche Art der Kommunikation oder Kommunikationskultur. Sie wird von wirtschaftlichen, strukturellen, sozialen und psychologischen Faktoren determiniert.

Kommunikationslogistik

Kommunikationslogistik bezeichnet die infrastrukturellen und technischen Möglichkeiten, Informationen gezielt zu verbreiten. Neben der technischen Ausstattung in Form von EDV-Ressourcen, moderner Telekommunikationsanlagen und großer Kapazitäten beim Datenaustausch bedeutet Kommunikationslogistik aber auch fachliches Know-how, beispielsweise bei der Erstellung von Verteilern und somit der gezielten Ansprache von Teilöffentlichkeiten und Multiplikatoren.

Die Bereitstellung einer umfangreichen Kommunikationslogistik gehört zu den Kernkompetenzen professionell ausgestatteter Agenturen, um für ihre Kunden effizient und erfolgreich Dienstleistungen anbieten und durchführen zu können.

Kommunikationsmanagement

Der Begriff Kommunikationsmanagement beschreibt die Organisation von Kommunikationsprozessen. Die Kommunikation eines Unternehmens ist vielfältig und findet auf mehreren Ebenen statt. Damit diese umfangreiche Aufgabe zum Ziel führt und im Sinne einer Corporate Identity einheitlich erscheint, ist Managementfähigkeit eine Grundvoraussetzung für professionelle Kommunikation. Zu den praktischen Aufgabenbereichen des Kommunikationsmanagement gehören Konzeption, Planung, Durchführung und Kontrolle aller Kommunikationsbeziehungen im internen und externen Dialog. Die PR übernimmt heute vielfach diese Managementaufgabe. Damit ist PR unweigerlich auf der strategischen Ebene innerhalb von Unternehmen angesiedelt.

Kommunikationsmix

Kommunikationsmix meint im Sinne integrierter Kommunikation das Zusammenspiel unterschiedlicher Kommunikationsdisziplinen und -instrumente: von Werbung über Marketing, PR, Verkaufsförderung bis hin zu interner Kommunikation. Ein guter Kommunikationsmix zeichnet sich dadurch aus, dass er konzeptionell begründet – also strategisch entwickelt und nicht von den Instrumenten her gedacht wird. Anders gesagt: Es ist das Ergebnis eines konzeptionellen Planungsprozesses.

Kommunikationspolitik

Neben Produkt-, Preis- und Distributionspolitik ist Kommunikationspolitik das vierte Element im Marketingmix eines Unternehmens. Sie umfasst alle internen und externen Maßnahmen, die der Weitergabe von Informationen über Unternehmen, Institutionen, Produkten oder Themen an interne und externe Zielgruppen dient. Zu den Instrumenten der Kommunikationspolitik gehören klassische Werbung, Öffentlichkeitsarbeit, Online-Kommunikation, Verkaufsförderung und Unternehmenskommunikation.

Kommunikationspsychologie

Paul Watzlawick hat es auf den Punkt gebracht: Wir können nicht nichtkommunizieren – und immer entscheiden unsere bewussten wie unbewussten Reaktions- und Interpretationsmuster, über die Folgen des kommunikativen Vorgangs. Wie vielfältig die Botschaft eines Senders von einem einzelnen Empfänger aufgenommen und interpretiert werden kann, zeigt der Klassiker der Kommunikationspsychologie „Miteinander reden“ von Friedemann Schulz von Thun.[37]

Kommunikationswirkung → sieheEvaluation

Kommunikative Botschaften → siehe Kapitel 6

Konfliktmanagement → siehe Krisenkommunikation

Konzeptbudget
Im Unterschied zum Gesamtbudget für den Kommunikationsprozess bezeichnet das Konzeptbudget das Entgelt für die Erstellung des Konzeptes. Seriöse Agenturen erarbeiten keine honorarfreien Konzepte, weil sie wesentlicher Bestandteil ihrer Beratungsleistung sind. Meist reicht das Konzeptbudget jedoch nicht aus, die real entstandenen Kosten für die Eigenleistung der Agentur zu decken. Es verhindert aber, dass Konzepte von Kundenseite lediglich als Akquisitionspapiere verstanden werden oder dass sich Unternehmen viele Konzepte gratis erstellen lassen, um sich dann – wie aus einem Baukasten – Einzelmaßnahmen selbst zusammenzustellen und dann ganz auf Agenturunterstützung zu verzichten.

Kostenplanung
Kostenplanung basiert auf dem vom Auftraggeber vorgegebenen Budget. Alle Maßnahmen müssen in Honorarleistungen der Agentur oder des Dienstleisters, in Fremdleistungen wie von außen eingekauften Grafikarbeiten, Textarbeiten, Promotionsaktionen, Veranstaltungsorganisation oder Catering und in die technischen Kosten für Telefon, Reisen oder Porti gegliedert werden. Die Kostenplanung ist die Basis für die Erstellung von Einzelangeboten und Kostenvoranschlägen, auf denen die kaufmännische Auftragserteilung und später die Abrechnung basiert.

---

37 Friedemann Schulz von Thun, Miteinander reden, Kommunikationspsychologie für Führungskräfte, Rheinbek bei Hamburg 2000.

Krisenkommunikation

Krisenkommunikation umfasst alle kommunikativen Strategien und Maßnahmen, die dazu dienen, negative Konsequenzen wie Vertrauensverlust oder Imageeinbußen bei Krisen und Konflikten zu verhindern. Für Unternehmen, die beispielsweise riskante Produktionen betreiben oder risikobehaftete Produkte herstellen, ist dieses Segment der PR von hoher Wichtigkeit. Neben den Aktivitäten nach Eintritt eines relevanten Störfalls bedeutet Krisen-PR aber auch Präventiv-Arbeit, d. h. die kommunikative Vorbereitung eines Unternehmens auf eine Krise (→ siehe Krisenplan).

Dieser vorsorgende Unternehmensschutz mit neuen Instrumenten wie der Interventions-PR und Präventions-PR gewinnt innerhalb der Krisen-PR zusehends an Bedeutung. Dabei wird eine Alternative zur klassischen Krisen-PR angeboten, indem man schon frühzeitig imageschädigende Situationen antizipiert.

Krisenplan

Der Krisenplan beschreibt die Vorgehensweise bei einer Krise in einem Unternehmen oder einer Organisation. Krisen werden dabei anhand einer Szenario-Technik festgestellt und in ihrem Ablauf durchgespielt. Neben klaren Zuständigkeiten und Verantwortlichkeiten bedeutet dies vor allem eine Festlegung über die Kommunikationslinie, ein inhaltlich und argumentativ einheitliches Auftreten im Sinne einer Sprachregelung und eine Einigung darüber, wie die Medien in die Klärung und Aufarbeitung der Krise einzubinden sind.

Kundenbindung

Gesättigte Märkte, austauschbare Produkte und hoher Kostendruck bestimmen heute die Wettbewerbssituation. Erschwerend wirkt darüber hinaus der Trend zu mehr Individualisierung. Ohne verankerte Kundenbindungsstrategien wechseln Kunden und Interessenten zu anderen Anbietern. Jede individuelle Beziehung zum einzelnen Kunden bringt langfristig erfolgversprechende Wettbewerbsvorteile. Viele Unternehmen kennen ihre profitabelsten Kunden, gehen systematisch auf ihre Bedürfnisse ein und versuchen, sie damit langfristig an das Unternehmen zu binden. Der Aufwand ist berechtigt, denn es ist wesentlich leichter und profitabler, die Beziehungen zu dem bereits existierenden Kundenstamm zu intensivieren, als Neukunden zu gewinnen. Kommunikationsstrategien und zahlreiche PR-Instrumente wie Kundenmagazine, Newsletter, Mailings oder Veranstaltungen zielen auf die langfristige Kundenbindung zu einem Unternehmen.

Kundenzufriedenheit

Die Individualisierung und das Selbstbewusstsein der Kunden gewinnen rasant an Bedeutung. Kunden und Interessenten wollen individuell betreut und angesprochen werden. Sie wollen nicht mehr lediglich als Abnehmer eines Produktes verstanden und gesehen werden.

Es ist eine bekannte Tatsache, dass zu jeder Zeit etwa 25 Prozent aller Kunden dazu bereit sind, zu einem anderen Unternehmen zu wechseln. Unternehmen wissen jedoch nur von etwa vier Prozent der Abwanderer, dass sie unzufrieden waren, der Rest wechselt das Unternehmen kommentarlos. 91 Prozent der unzufriedenen Kunden sind für immer verloren! Ein unzufriedener Kunde trägt seine Meinung über das verlassene Unternehmen an etwa acht bis zehn weitere potenzielle Kunden weiter. Die Zufriedenheit des Kunden bestimmt also letztlich den Erfolg des Unternehmens.

Leitbild/Leitbildcharakter

In einem auf demokratische Kriterien gestützten Verständigungs- oder Entwicklungsprozess hat ein Leitbild für alle am Prozess Beteiligten die Funktion eines einvernehmlich abgestimmten, gemeinsamen Orientierungs- und Handlungsrahmens. Ein Leitbild ist eine Vision: Es beschreibt nicht den Ist-Zustand, sondern einen gewünschten und, gemessen am Potenzial, realistischen Zustand in naher Zukunft. Es zeigt in wenigen Leitsätzen eine Richtung an, in die gegangen werden soll. Eine Aussage oder Darstellung hat dann Leitbildcharakter, wenn sie in einem Binnenverhältnis für einen eingrenzbaren Personenkreis, eine Fachöffentlichkeit, eine Gemeinde, eine Branche, einen Verband, eine Stiftung oder unternehmensintern eine solche Orientierungshilfe bietet.

Link Brokerage

Link Brokerage (Link-Tausch oder Link-Handel) bezeichnet eine intelligente Vernetzung von Websites, die die Link-Popularität erhöht. So kann im Zusammenspiel mit anderen Sites das eigene Angebot besser promotet werden. Link Brokerage ist eine optimale Ergänzung zur Rankingstrategie. Link- Popularität ist ein Maß für die Relevanz einer Seite. Dabei wird gezählt, wie viele externe Links auf eine Seite oder Website verweisen. Manche Suchmaschinen gewichten die Links zusätzlich danach, ob sie von einer relevanten (bekannten) Quelle stammen.

Lobbying

Lobbying definiert die interessengeleitete und informelle Kontaktpflege zu Medien, relevanten Journalisten, politischen Entscheidern, Ämtern, Behörden, Organisationen, u. a. um diese für die Anliegen von Unternehmen oder Verbänden zu sensibilisieren und Entscheidungen zu beeinflussen. Lobbying stammt ursprünglich von dem Wort Lobby für „Flur" oder „Vorhalle (des Parlaments)" ab, weil dort die Kontakte zu den wesentlichen Entscheidungsträgern aufgenommen und vertieft wurden. Lobby-Arbeit ist informelle Interventionsarbeit im vorparlamentarischen Raum.

Logfiles

Logfiles sind automatisch erstellte Dateien, die alle Anfragen an einen Webserver und deren Ergebnis in einer Protokolldatei aufzeichnen. Die Protokolldatei enthält zu jeder Anfrage die IP-Nummer des zugreifenden Rechners, Datum und Uhrzeit des Zugriffs, die angeforderten Dateien und das Ergebnis der Übertragung. Auch die zuvor besuchte Adresse sowie Betriebssystem und Browser des Benutzers können erfasst werden. Logfiles sind damit die Basis für eine Bewertung und Optimierung einer Website in Bezug auf Effizienz und Nutzerverhalten.

Markenkommunikation

Marken begründen in den Köpfen der Verbraucher eine eigene Welt. Die Marke ist die eigentliche Gestalt der Produkte und Dienstleistungen (Markenpersönlichkeit), die die Einstellung der Verbraucher und ihre Kaufentscheidungen steuert. Markenkommunikation bewegt potenzielle Verbraucher über die Markensympathie zum Probieren und schließlich zur Mehrfachverwendung, die sich in Absatzkurven messen lässt. Marken treten in immer größere Konkurrenz. Sie sind Akteure in den Arenen der Medienöffentlichkeit. Das Ringen um Sympathiewerte wird dort nicht mehr ausschließlich mit den Mitteln der Werbung – Verpackung, Anzeige, Plakat, TV- oder Radiospot – ausgetragen. Ein starker Markenauftritt vereint die Kommunikationsinstrumente der Werbung, PR, des Direktmarketings u. a. im Rahmen eines übergreifenden Drehbuches. [38]

Marktforschung

Marktforschung ist die systematische Sammlung, Aufbereitung, Analyse und Interpretation von Daten über Märkte und Marktbeeinflussungsmöglichkeiten. Die Informationsgewinnung soll rationale Marketingentscheidungen ermöglichen.

Maßnahme → siehe Kapitel 8

Mediadaten

Bei Mediadaten handelt es sich um die von Verlagen und Sendeanstalten jährlich neuaufgelegte Zahlenstatistik zum Medium oder Sender. Die Mediadaten geben u. a. Auskunft über Fakten wie Auflagenhöhe, Einschaltquoten, Verbreitungsgebiete (Nielsengebiete), mögliche Anzeigen- und Sonderformate, Anzeigenpreise, Einschaltpreise, Mal- und Mengenstaffeln bei Mehrfachschaltungen, Beilagenbedingungen und Reichweiten. Sie sind Grundlage für die Planung von Anzeigenkampagnen sowie TV- und Hörfunkkampagnen. Mediadaten enthalten darüber hinaus Auskünfte über die Leserschaft: demografische und lebensstilistische Informationen, die auch für eine gezielte Presse- und Medienarbeit herangezogen werden können.

Media Relations

Medien sind Multiplikatoren. Media Relations meint den Aufbau und die Pflege guter Beziehungen zu Redaktionen und Journalisten.

---

38 Ebda.

Medienarbeit → siehe Presse- und Medienarbeit

Medienborniertheit

Eine wesentliche Grundlage zur Herausbildung des eigenen Urteilsvermögens und Fachwissens in der PR besteht in der Nutzung und Beachtung eines breiten Medienspektrums. Alle Mediengattungen von Tageszeitungen über Illustrierte, Fachmedien, Kunden- und Mitarbeiterzeitungen, Hörfunk- und TV-Sendungen bis zu den Yellow-Press-Titeln, Anzeigenblätter und dem Internet gehören zum meinungsbildenden „Portfolio". Medienborniertheit führt dementsprechend zur eingeschränkten Beurteilungs- und Beratungsfähigkeit.

Mediengesellschaft

Von einer Medien- oder Informationsgesellschaft sprechen wir, wenn die Informations- und Kommunikationstechnik alle gesellschaftlichen Bereiche des Alltags- und Berufslebens, der Politik, Wirtschaft und Bildung durchdringt. In dieser Gesellschaft sind Informationen ständig verfügbar. Die Medien selektieren und vermitteln diese Informationen und übernehmen damit eine zentrale, meinungsbildende Rolle. Sie sind selbst Thema der Medien. Kritik an der Mediengesellschaft bezieht sich u. a. auf ihre Anfälligkeit in Krisen und auf die Isolation des Individuums, seinen Rückzug aus der Öffentlichkeit und die zunehmende Anonymisierung von Beziehungen.

Medienresonanzanalyse

Die Medienresonanzanalyse ist ein Instrument, um die Wirkung von Presse- und Medienarbeit zu beurteilen. Sie geht über die quantitative Dokumentation relevanter Medienerwähnungen oder Abdrucke (Clippings) nach Auflagenhöhen hinaus. Bei der Medienresonanzanalyse werden Medienberichte inhaltlich, häufig mithilfe so genannter Skalen oder Polaritätenprofile, nach qualitativen Gesichtspunkten und Fragestellungen ausgewertet. (z. B. „Sind die Hauptbotschaften enthalten? An welcher Stelle im Bericht werden die Botschaften genannt? Wird der Absender deutlich? Wie häufig wurden welche Bilder eingesetzt?") Aus der Analyse lassen sich anschließend Rückschlüsse auf die Meinungstendenzen und somit auf die Qualität der PR in Abgleich mit der ursprünglichen Zielsetzung ziehen. Die Medienresonanzanalyse ist insofern ein Mittel zur Erfolgsmessung von PR-Kampagnen.

Meinung

Für den Philosophen Immanuel Kant ist Meinung ein subjektives Für-wahr-Halten. Der individuell wertende Charakter von Meinungen ist ein Informationsfilter. Jeder Mensch verarbeitet diese Informationen vor seinem eigenen Erkenntnis- und Erfahrungshintergrund.

Meinungen können durch emotionale und kognitive Ansprache und Appelle verändert werden.

Die öffentliche Meinung oder Public Opinion kann entsprechend – um mit Kants Worten zu sprechen – als kollektives Für-wahr-Halten bezeichnet werden. Dabei darf öffentliche Meinung nicht als Einheit verstanden werden, sondern stellt vielmehr einen Mittelwert dar, der sich aus teils konkurrierenden Meinungen in den verschiedenen Teilöffentlichkeiten ergibt. Öffentliche Meinung ist nach dem Forschungsstand der Sozial- und Kommunikationswissenschaften kein fester Begriff, sondern ein Prozess, der temporären und gesellschaftlichen Entwicklungen unterworfen ist.

Öffentliche Meinungen ändern sich. Sie artikulieren sich als „veröffentlichte Meinungen" vor allem über Massenmedien. Diese lassen sich im Gegensatz zur „Öffentlichen Meinung" wesentlich konkreter durch die in den Medien auftretenden Meinungen (z. B. in Kommentaren) identifizieren. Die Veränderbarkeit öffentlicher Meinungen ist eine feste Kategorie der PR.

Meinungsmärkte

Meinungsmärkte sind das Ergebnis einer öffentlichen Bewusstseinsbildung mit den Mitteln der Kommunikation. Genau wie Waren und Dienstleitungen stehen Meinungen in einem Wettbewerb, in dem sie sich durchsetzen müssen.

Mitarbeiterkommunikation

→ siehe Interne Kommunikation

Mitarbeiterzeitung

Die Mitarbeiterzeitung oder -zeitschrift bezeichnet ein Medium der internen Unternehmenskommunikation, das der Information der Mitarbeiter über aktuelle Entwicklungen, Hintergründe und der Identifikation mit den Unternehmenszielen dient.

Eine gute Mitarbeiterzeitung muss sich heute an der realen Partizipation der Mitarbeiter messen lassen. Sie schafft in einer arbeitsteiligen Struktur Transparenz.

In vielen Fällen hat die Mitarbeiterinformation über das Intranet die Printausgabe abgelöst. Andere Unternehmen haben sich für eine Verbindung einer regelmäßigen Printausgabe mit der Just-in-time-Kommunikation des Intranet zu einem Kommunikationssystem entschieden.

Neigungsgruppen/Dispositionsgruppen/Interessengruppen
→ siehe Kapitel 5

Net Promotion
Net Promotion oder Webpromotion meint die Bekanntmachung einer Site im Internet mit dem Ziel, möglichst viele Besuche zu erzielen. Neben der Anmeldung bei Suchdiensten gehören hierzu auch Bannerwerbung und PR-Maßnahmen in Newsgroups und E-Mail-Listen.

Networkagentur
Eine Networkagentur arbeitet in nationalen oder internationalen Netzwerken oder ist an solche fest angebunden und der Unternehmenskultur des Networks verpflichtet. Ihr struktureller Vorteil ist der schnelle Zugriff auf Partneragenturen in anderen Ländern oder anderer Disziplinen. Networkagenturen zeichnen sich aber auch durch eingeschränkte unternehmerische Gestaltungsfreiheit aus.

Neuausrichtung/Neupositionierung → siehe Kapitel 6

Neue Medien
Der Begriff Neue Medien ist ein heute überkommener Begriff, mit dem ursprünglich in Abgrenzung zu den Massenmedien Print, TV und Hörfunk in den 80er Jahren die digitalen „neuen Medien" Internet, Kabel-, Bildschirm-, Teletext, Video, CD-ROM, DVD bezeichnet wurden.

Newsletter

Newsletter bezeichnet ein häufig angewendetes Instrument der externen Kommunikation, das Unternehmensnachrichten redaktionell zusammenfasst. Inhaltlich orientiert sich ein Newsletter an der Zielgruppe, vor allem an Journalisten oder für das Unternehmen relevanten Medien oder Kunden. Eine neue Dimension der externen Kommunikation stellt der E-Mail-Newsletter dar.

Öffentliche Meinung → siehe Meinung

Öffentlichkeitsarbeit

Begriff, der von Albert Oeckl geprägt wurde und die wörtliche Übersetzung des amerikanischen Begriffs Public Relations ist. Heute ist Öffentlichkeitsarbeit nur mehr ein Teilbereich der Kommunikation. In den 50er Jahren subsumierte man darunter lediglich Pressearbeit und Beziehungspflege zu politischen Entscheidern.

Öko-PR → siehe Environmental Relations

Online Campaigning

Verschiedene Wahlkämpfe der vergangenen Jahre haben gezeigt, dass sich das Internet als neue Kampagnenplattform eignet. Dabei spielen Ort, Größe und Reichweite der Wahlen keine Rolle. In den USA ist Online Campaigning nicht mehr nur ein additives Instrument. Vielmehr ist es zum festen Bestandteil für einen erfolgreichen Wahlkampf geworden.

Online-Marketing

Die Strategie der Kommunikation im Internet ist im Vergleich zur traditionellen Form invers: Nicht das Unternehmen bestimmt den Kommunikations- und Informationsflow, sondern der User entscheidet über die vier W´s (Wann, Wie lange, Wo und Wie) der Information. Dem klassischen Marketing wird das Online-Marketing nicht untergeordnet, sondern gleichgestellt. Als neuartiges Dialog- und Verkaufsinstrument hat es eine eigenständige Funktion im Marketingmix.

Online-PR/Online Relations

Online-PR ist die medienspezifische Adaption von klassischer Öffentlichkeitsarbeit für das Internet. Dies geht jedoch über eine eins-zu-eins Übernahme der Offline-PR für ein Produkt oder eine Dienstleistung hinaus. Online-PR erfordert Kommunikationsfähigkeit in der neuen und eigenen Öffentlichkeit des Internet. Die Schnittstelle zwischen technischen Möglichkeiten und neu zu entwickelnden Instrumenten wird in Zukunft der Maßstab für innovative Online-PR sein.

Opinion Leader

Opinion Leader – übersetzt aus dem Englischen – bezeichnet Meinungsführer oder solche Personen, die eine vertrauensvolle Stellung innerhalb einer Zielgruppe innehaben und daher eine Schlüsselposition bei der Meinungsbildung einnehmen.

Page Impressions/Page Views

Page Views oder Page Impressions bezeichnen die Anzahl von Abrufen einer Website durch einen Benutzer. Page Impressions sind ein wichtiges Maß zur Bewertung der Reichweite von Werbemaßnahmen im Internet. Problematisch bei diesem Maß ist jedoch, dass wiederholte Besuche auch jedes Mal wieder neue Page Impressions erzeugen.

Peergroup-Kommunikation

Peergroup bezeichnet eine Gruppe von Gleichaltrigen (meist Jugendlichen), in der eigene Werte, Einstellungen und Verhaltensweisen existieren. Da Peergroups eine starke Konformität gegenüber den Verhaltensnormen der eigenen Gruppe aufweisen, bestimmt die Zugehörigkeit entscheidend das Konsumverhalten. Für eine erfolgreiche Peergroup-Kommunikation sollte die Gruppe möglichst scharf differenziert und beschrieben werden.

Personality PR

Personality PR beschreibt jene Kommunikation, die an Personen, das heißt an ihren Aussagen und an ihrem Verhalten, festgemacht wird. Öffentlichkeitsarbeit für Personen ist ein stetig wachsendes Aufgabensegment innerhalb der PR geworden, weil Prominente aus Politik und Show-Business im weitesten Sinne über ein öffentliches Image definiert werden, das sich maßgeblich in den Medien abspielt. Eine Aufgabe der Personality-Berater und Image-Strategen ist es, die Kongruenz zwischen öffentlicher Aufgabe und faktischem Handeln kritisch zu prüfen und sicherzustellen.

Phasenziel → siehe Teilziel

Pitch

Pitch meint die Wettbewerbspräsentation um einen Werbe-, PR- oder Kommunikationsetat.

Meist werden Lösungsvorschläge und Angebote von drei bis fünf Agenturen eingeholt. Entsprechend der Honorarregelungen der Kommunikationsverbände wird für die Teilnahme an einem Pitch ein Präsentationshonorar fällig.

Planungskreativität

Gute Strategen zeichnet die Fähigkeit aus, in Szenarien zu denken, das heißt, mögliche Entwicklungen zu antizipieren und sich auf dieser Grundlage für einen gangbaren Weg aus vielen möglichen zu entscheiden. Damit liefern wir die Planungsgrundlage für kommunikative Prozesse. Man nennt die Fähigkeit, sie zu entwickeln, in der Kommunikation auch Planungskreativität, weil sie Vorstellungskraft und Phantasie einerseits und Logik und Realitätsnähe andererseits zwingend einschließen muss.

Point of Sales (POS)

Point of Sales meint wörtlich übersetzt den Punkt, an dem der Verkauf eines Produktes stattfindet: die Ladentheke, das Regal im Baumarkt, das Tiefkühlfach im Supermarkt. Aktionen am POS sind demnach alle Maßnahmen, die uns als Verbraucher in unmittelbarer Nähe dieses Punktes begegnen: Displays mit Broschüren, Videos zur Anwendung des besonderen Wischmopps, Probierhäppchen des neuen Käses, Deckenhänger, Regalnasen oder Hinweistafeln.

Politische Kommunikation
Spin-Doctoring, Inszenierung von Politik, Campaigning sind nur einige der in den Medien immer häufiger auftauchenden Schlagworte aus der politischen Kommunikation. Sie umfasst die Vermittlung von zum Teil komplexen politischen Sachverhalten und erzeugt Aufmerksamkeit, Verständnis, Zustimmung und Legitimität für Themen und Meinungen politischer Akteure. Sie ist Teil des Kommunikationsmanagement politischer Institutionen. In der politischen Kommunikation werden heute sämtliche Instrumente der Kommunikation wie zum Beispiel Werbung, Public Relations, Online-Kommunikation und Events eingesetzt.

Positionierung → siehe Kapitel 6

Positioning
Mit Positioning bezeichnet man die Summe aller Maßnahmen, die darauf gerichtet sind, dass eine Website von Suchmaschinen und in Katalogen besonders gut gefunden wird.

PR → siehe Public Relations

Präsentation → siehe Kapitel 9

Präsentationsstile/Präsentationstypen → siehe Kapitel 9

PR-Dienstleistung → siehe Kommunikationsdienstleitung

Presse- und Medienarbeit → siehe Media Relations

Presseaussendung
Als ein wichtiges Instrument der Pressearbeit bezeichnet der Begriff Presseaussendung den Versand von journalistisch aufbereiteten Informationen an eine ausgewählte Gruppe von Redaktionen/Journalisten (postalisch, per E-Mail oder Fax).

Pressegespräch

Das Pressegespräch setzt einen informellen Rahmen. Es dient weniger der zeitnahen Weitergabe aktueller Informationen, wie die Pressekonferenz, als dem vertiefenden Austausch über Hintergrundthemen zwischen Informanten und ausgewählten Pressevertretern.

Pressekonferenz

Eine Pressekonferenz ist eine Veranstaltung eines Unternehmens, einer Organisation oder einer Person, zu der Journalisten eingeladen und über aktuelle Ereignisse und Sachverhalte zeitnah informiert werden. Die Anlässe für eine Pressekonferenz hängen vom Veranstalter ab. Öffentliche Institutionen wie Ministerien aber auch Aktiengesellschaften sind dazu verpflichtet, für die Informationsweitergabe Sorge zu tragen. Jeder Abstimmung und jedem Beschluss muss eine Pressekonferenz oder ein Pressestatement folgen. Für alle anderen ist die Veranstaltung von Pressekonferenzen Abwägungssache. Klassische Anlässe für sie sind die Vorstellung einer Unternehmensbilanz oder einer politischen Jahresbilanz, eines neuen Produktes oder einer Auszeichnung. Im Fall einer Krise sind Pressekonferenzen die Plattform, auf der Unternehmen ihre Stellungnahme oder einen Prozessstatus mitteilen. Sie dienen in diesen Fällen auch der kommunikativen Schadensbegrenzung.

Pressemappe

Pressemappe bezeichnet eine aktuelle Zusammenstellung von Presseinformationen einer Institution, die veranstaltungsbegleitend, bei Pressekonferenzen, Messen, Events an Journalisten weitergegeben wird. Sie enthält in der Regel neben den Textinformationen auch Pressefotos mit Bildunterschriften zum honorarfreien Abdruck oder Grafiken.

Pressereise

Pressereise bezeichnet eine Informationsveranstaltung für ausgewählte Journalisten, die mit einem Ortswechsel oder einer Ortsbegehung verbunden ist. Anders als etwa die Pressekonferenz dient die Pressereise im Kern der Veranschaulichung komplizierter Sachverhalte, auch der Vermittlung von Atmosphäre, Bildern, Stimmungen und Meinungen. Pressereisen dauern in der Regel länger als einen Tag. Sie bieten ihren Teilnehmern so den zeitlichen Rahmen für Hintergrundgespräche und vertiefen vorhandene und neue Kontakte zu Medienvertreten.

PR-Kampagne → siehe Kampagne

PR-Konzept → siehe Kommunikationskonzept

Product Placement
Product Placement bezeichnet und umfasst die werbewirksame und zielgerichtete Integration von Markenprodukten und Dienstleistungen in den Handlungsablauf von Spielfilmen und Fernsehsendungen. Die praktische Umsetzung von Product Placement ist vielfältig: von der punktuellen Platzierung der Keksschachtel oder Armbanduhr, über die Ikea-Ausstattung einer ganzen Serie bis zur Themensetzung ganzer Produktionen.

Product-PR
Product-PR bezeichnet alle Maßnahmen der Public Relations, die für Launch und laufende Vermarktung eines Produktes eingesetzt werden. Product-PR ist integraler Bestandteil der Markenkommunikation und spricht potenzielle Käufer oder die Multiplikatoren an. Übergreifendes Ziel aller Maßnahmen der Product-PR – von klassischer Pressearbeit über Informationsmedien bis hin zu fokussierten Kunden-Events – ist die Absatzförderung.

Projektmanagement
Projektmanagement bezeichnet die Gesamtheit aller Führungsaufgaben und -techniken für die erfolgreiche Abwicklung eines Projektes. Projekt meint eine zeitlich begrenzte Maßnahme (Presseaussendung) oder Maßnahmenkombination (Messeauftritt mit Pressekonferenz, Messestand, Pressemappe). Professionelles Projektmanagement findet in Anlehnung an übergeordnete strategische Überlegungen statt, die zuvor in einem Basiskonzept festgelegt worden sind.

Promotion

Der aus der Marketing-Terminologie stammende Begriff „Promotion" wird synonym zu „Werbung" verwendet und bezeichnet als übergeordneter Sammelbegriff alle Maßnahmen zur direkten Verkaufs- und somit zur Absatzförderung (sales promotion). Dadurch sollen Reize bei potenziellen Kunden gesetzt werden, die sie zum Kauf der beworbenen Produkte oder Dienstleistungen animieren. Die Promotion folgt stets der AIDA-Formel: Attention (Aufmerksamkeit erzeugen), Interest (Interesse wecken), Desire (Begehrlichkeiten erzeugen) und Action (Kaufentscheidung herbeiführen). Promotion im engeren Sinne meint aktionsgebundene Werbung z. B. durch den Einsatz von Promotionteams, Promotionständen, Promotionfahrzeugen etc.

Public Affairs

Public Affairs bezeichnet die Gestaltung der betrieblichen Beziehungen zur sozialen und politischen Umwelt und die Verbreitung von gesellschaftspolitisch relevanten Informationen. Dies bezieht sich sowohl auf die interne als auch externe Kommunikation. Public Affairs kann als Öffentlichkeitsarbeit für das Gemeinwohl im Dienste gesellschaftspolitischer Problemlösungen bezeichnet werden. Sie zielt auf Stärkung oder Veränderung sozialer und gesellschaftlicher Verhaltensweisen oder Zustände. Sie bedient sich dabei unterschiedlicher Instrumente wie Lobbying oder klassische Public Relations.

Public Interest/Public Opinion

Public Interest meint „öffentliches Interesse" – die zentrale Kategorie für Kommunikationsprozesse. Die Entscheidung darüber, wann und wie sich öffentliches oder teilöffentliches Interesse für ein bestimmtes Thema wecken lässt, setzt fundierte Kenntnis über die Medienlandschaft und ihre Gesetzmäßigkeiten voraus. → siehe auch Meinung.

Public Relations/PR

Public Relations ist ein Begriff, der in den 30er Jahren des vergangenen Jahrhunderts in den USA geprägt wurde. PR bezeichnet die Beeinflussung der Meinungsbildung mithilfe der sich entwickelnden Massenmedien und setzt bewusst andere Mittel und Wege ein als Advertising.

Nach dem 2.Weltkrieg hat sich PR auch in Deutschland durchgesetzt und ist zur festen Disziplin in der Gesamtkommunikation von Organisationen geworden.

Ranking/Rankingstrategie

Ranking bezeichnet den Rang einer Website in der Trefferliste einer Suchanfrage, Rankingstrategie die Maßnahmen zu ihrer gezielten Beeinflussung. Die für das Zustandekommen des Rankings verantwortlichen Algorithmen der Suchmaschinen gehören zu den bestgehütetsten Geheimnissen des Internets und ändern sich häufig. Ein Spitzen-Ranking ist daher nur durch den kontinuierlichen Einsatz abgestimmter Maßnahmen entsprechend der aktuell von den Suchdiensten verwendeten Algorithmen und im Rahmen einer integrierten Strategie zu erreichen. Auf der Site werden etwa Begriffe eingebaut, nach denen die Zielgruppe am häufigsten sucht. Mit dem Einsatz von Satellitenseiten oder Link Brokerage lässt sich die Zahl der Seitenbesuche erhöhen.

Recherche → siehe Kapitel 2

Reichweite

Die Reichweite bezeichnet die Anzahl der potenziellen Nutzer eines Mediums (z. B. erreicht der „Spiegel" im Schnitt 6,5 Millionen Leser). Die Nettoreichweite ist die Zahl der Personen, die mit einem Medium mindestens einmal Kontakt hatten.

Relaunch

Mit Relaunch wird die Wiederbelebung einer Marke oder eines Mediums bezeichnet, die bereits im Markt vertreten, deren Absatz jedoch stagniert oder rückläufig ist. Der Begriff leitet sich ab vom englischen „Launch", der die Ersteinführung eines Produktes, einer Marke oder eines Mediums meint.

Rezipient

Unter Rezipient wird der Nutzer von Medien (z. B. Leser, Zuhörer, Zuschauer) verstanden. Rezipienten sind Empfänger von Botschaften.

Rollen

Menschen haben multiple Rollen, in denen wir sie ansprechen können, wobei einige Rollen geeignet sind und andere nicht, um die entsprechende Botschaft aufzunehmen. Zum Teil müssen in einer Kampagne zwei Rollen in einer Person angesprochen werden, die sich erheblich widersprechen. Der Bürger in uns macht sich für das Wassersparen stark, der Verbraucher in uns geht unbedacht mit der Ressource Wasser um.

Satellitenseite

Unter einer Satellitenseite (auch Doorwaypage, Hallwaypage genannt) versteht man eine kleine aber eigenständige Website, die auf die eigentliche Website verweist und so einen weiteren Zugang zum Angebot darstellt. Durch die Optimierung der Satellitenseite auf bestimmte Suchbegriffe/Keywords hin lässt sich – schnell und ohne die eigentliche Website zu verändern – ein gutes Ranking erzielen.

Schulterblick

Ein Re-Briefing mit der Agentur kann als Schulterblicktermin angelegt werden. Der Auftraggeber begibt sich in diesem Falle einige Tage vor der Präsentation in die „Werkstatt", um Stand und Richtung der Überlegungen und insbesondere den Ansatz der Kreation zu begutachten. Bei umfangreichen Wettbewerbspräsentationen kann sein frühzeitiges Feed-back ein hilfreiches Korrektiv sein. Agenturen stehen solchen Werkstattbesuchen dennoch zwiespältig gegenüber. Zuweilen wird befürchtet, dass die frühzeitige Preisgabe der Idee das Aha-Erlebnis bei der Präsentation mindert oder dass der Wettbewerb von eventuellen „Andeutungen" profitieren könnte. Schließlich ist die Idee das größte Kapital der Agentur. Auftraggeber sollten mit diesen Vorbehalten entsprechend sensibel umgehen.

Scribble

Unter Scribble wird ein grober erster Entwurf verstanden, um Form und Gestaltung eines Werbemittels aufzuzeigen.

Selbstdarstellung

Die Selbstdarstellung eines Unternehmens, einer Organisation oder Institution ist eine der Grundlagen ihrer Kommunikation nach außen. Sie dient dazu, potenziellen Kunden, Mitarbeitern, Kooperationspartnern oder Medien eine genaue Vorstellung von der Position, den Leistungen und Erfahrungen zu geben. Sie beinhaltet daher beispielweise die Philosophie und Referenzen sowie Daten und Fakten zur Institution (Standorte, Mitarbeiter- oder Mitgliederzahl, Gründungsdaten).

Site Publicity

Site Publicity ist die qualitativ orientierte Weiterentwicklung von Web Promotion. Im Vordergrund der Maßnahmen stehen hier die Verbesserung und Präzisierung der Kontakte mit der Website. Adressatenorientiertes Ranking und Link Brokerage sorgen dafür, dass eine Website genau dort dauerhaft besser gefunden wird, wo sich ihre Zielgruppe aufhält. Grundlage ist eine wohlüberlegte Rankingstrategie.

Slogan

Darunter ist ein Werbespruch zu verstehen, der das Image eines Unternehmens oder eines Produktes über einen langen Zeitraum trägt und prägt.

Social Communication/Soziale Kommunikation

Social Communications bezeichnet die in- und externe Gestaltung von Kommunikationsbeziehungen für soziale Organisationen. Das können sowohl privatwirtschaftliche soziale Dienstleister sein wie auch gemeinnützige Hilfs- und Wohlfahrtsorganisationen im sozial-karitativen Bereich. Seit einigen Jahren befindet sich der soziale Sektor im Umbruch: Die gesetzlichen Rahmenbedingungen verändern sich dynamisch, der Markt setzt sich als Steuerungsgröße immer stärker durch, und sozialstaatliche Leistungen werden zunehmend auch von privaten Anbietern erbracht.

Das bedeutet, dass sich Verbände, Unternehmen und Einrichtungen im entstehenden Sozialmarkt (neu) positionieren und profilieren und Mitarbeiter umdenken müssen. Vor diesem Hintergrund und aufgrund der volkswirtschaftlichen Bedeutung der Sozialwirtschaft stellen sich auch neue und erweiterte Anforderungen an die Kommunikation.

Social PR → siehe Social Communication

Sondierungsgespräche

Beim Abgleich von Interessenkollisionen oder manifesten Zielkonflikten zwischen Gruppen wird eine Konfrontation ohne vorangegangene getrennte Interessenklärung erfahrungsgemäß zur Verhärtung der Fronten führen. Ein zielführender Vermittlungsprozess nutzt daher die Möglichkeit, Sondierungsgespräche zu führen. Zunächst werden das Thema und der Konflikt getrennt erörtert, bis die Bereitschaft, zu einer konstruktiven Lösung zu gelangen, auf beiden Seiten überwiegt.

Soziale Milieus

Soziale Milieus beschreiben Personengruppen, die sich in ihren Wertorientierungen, ihrem Lebensstil und ihren Lebenszielen ähneln (z. B. aufstiegsorientiertes Milieu, kleinbürgerliches Milieu, traditionelles Arbeitermilieu). Zunehmend werden Media-Zielgruppen auch nach den sozialen Milieus differenziert.

Spamming

Spamming bezeichnet das massenhafte „Zumüllen" mit unerwünschter oder unpassender Information im Netz, beispielsweise durch pausenloses Anmelden von Webseiten unter irreführenden Suchbegriffen oder durch Werbe-E-Mails.

Sponsoring

Sponsoring ist Instrument der Unternehmenskommunikation, das dazu dient, den Bekanntheitsgrad eines Unternehmens zu erhöhen oder das Image durch Imagetransfer positiv zu beeinflussen. Unternehmen erbringen als Sponsoren Geld-, Sachmittel- oder Dienstleistungen und unterstützen damit beispielsweise die Durchführung von Veranstaltungen oder die Tätigkeit von (Non-Profit-) Organisationen. Sie profitieren von der Aufmerksamkeit, die der unterstützten Aktivität medial entgegengebracht wird. Die bekanntesten Typen des Sponsoring sind das Sport-, Kultur-, Sozial- und Umweltsponsoring. Durch die enorme Zunahme der Sponsoringaktivitäten in den letzten Jahren haben sich zahlreiche neue Formen des Sponsorings entwickelt und die genannten Kategorien in vielfältige Untergruppen ausdifferenziert. Ebenso ist die Herkunft der Sponsoren in den letzten Jahren vielfältiger geworden. Neben Unternehmen stellen immer öfter auch Verbände, Vereine und öffentliche Einrichtungen selbst Gelder und vor allem Dienst- und Sachleistungen zur Verfügung.

Standort-Kommunikation → siehe Community Affairs

Storyboard
In der Werbung versteht man darunter ein gezeichnetes Drehbuch, das die Szenenabfolge, Dialoge und Sequenzen eines Werbespots aufzeigt.

Strategeme
Strategeme, auch „nackte Strategien“ genannt, sind bewährte Lösungsprinzipien aus der Militärphilosophie. Auch in der Kommunikation beziehen wir uns bei der Strategiefindung auf diese Strategeme.

Strategie → siehe Kapitel 7

Strategischer Block
Zum Strategischen Block eines Konzeptes zählen Positionierung und Strategie, die im Abgleich mit Zielen und Zielgruppen bestimmt werden.

Submission Service
Submission Service ist ein automatischer Anmeldedienst für Webseiten. Die Anmeldung erfolgt über Scripts und kann daher nur Standardfälle berücksichtigen. Dieser einfache Dienst ist oft kostenlos. Wer Wert auf ein hohes Ranking legt, sollte mit Submission Services vorsichtig sein. Da nur allgemeine Standards berücksichtigt werden, kann man auch nur mit einer mittelmäßigen Platzierung rechnen. Je nachdem, wie schnell ein Suchdienst bei Aktualisierungen ist, kann es geraume Zeit dauern, bis man den ersten Eindruck korrigieren kann.

Suchbegriffsdichte

Die Suchbegriffsdichte (engl. „Keyword Density") ist eine von Suchdiensten verwendete Heuristik für die Relevanz von Webseiten für eine Suchanfrage. Sie berechnet sich aus der Häufigkeit eines Begriffes auf einer Website geteilt durch die Gesamtzahl der Wörter auf dieser Seite. Bei den verschiedenen Suchdiensten sind zahlreiche Varianten dieser Messmethode im Einsatz.

Szenario

In der Vorstellung entwickelte/vorausgedachte mögliche öffentliche Reaktion. Szenarien werden auf Grundlage von Erfahrungswissen gebildet und dienen in der Kommunikation der Folgenabschätzung.

Taktik → siehe Kapitel 8

Teaser

Abgeleitet vom Englischen to tease (necken, locken), wird der Begriff Teaser oft für das journalistische Texten angewendet, und zwar dann, wenn ein Artikel oder eine Pressemeldung etwa einen spannenden, humorvollen, also „lockenden" Einstieg haben soll. Von einem Teaser kann aber auch gesprochen werden, wenn in einem kurzen, oft provokant oder reißerisch formulierten Absatz auf den eigentlichen Artikel verwiesen wird, sowie wenn in Fernseh- oder Rundfunknachrichten die nachfolgenden Themen stichwortartig angekündigt werden. Auf Internetseiten wird häufig ein Teaser mit einem Link zu dem jeweiligen Artikel versehen.

Teilöffentlichkeit

Der Begriff der Teilöffentlichkeit ist unter anderem aus der Erkenntnis entstanden, dass es keine alles umfassende „Öffentlichkeit" gibt, sondern eine Vielzahl von unterschiedlichen Öffentlichkeiten, die jeweils Teilbereiche des gesellschaftlichen Lebens definieren. Teilöffentlichkeiten bestehen aus Individuen, die als Öffentlichkeit konstituiert sind. Ihr individuelles Interesse steht damit zurück hinter dem kollektiven Interesse, das den kleinsten gemeinsamen Nenner bildet. Teilöffentlichkeiten können sich vorübergehend oder für lange Zeit entlang soziodemografischer Kriterien bilden. Sie müssen nicht unbedingt auch Zielgruppen sein, können als Gruppe aber eine Rolle im kommunikativen Prozess spielen. Teilöffentlichkeiten sind Akteure im Meinungsmarkt.

Teilziel/Phasenziel

Mit einzelnen Maßnahmen eines Kommunikationskonzeptes ist nicht die Gesamtheit der festgelegten Ziele zu erfüllen. Maßnahmen erreichen jeweils Teilziele, die deshalb in der Maßnahmenbeschreibung nochmals gesondert genannt werden.

Testimonial

In der Werbung ist ein Testimonial eine Person, die eine Zielgruppe repräsentiert.

Themen-Management/Issue Management

Der Erfolg und Misserfolg von Unternehmen und Organisationen hängt entscheidend von Bekanntheitsgrad und Image ab sowie von deren Meinungen in der öffentlichen Diskussion. In diesem Umfeld ist Themen-Management ein strategisch geleiteter Prozess zur Steuerung der öffentlichen Meinungsbildung auf Grundlage vorausgehender Marktentscheidungen und Gesellschaftsanalysen. Dabei wird Themen-Management vor dem Hintergrund betrieben, frühzeitig Einfluss auf die öffentliche Diskussion zu nehmen, um Krisen vorzubeugen und positive Stimmung für ein Unternehmen zu verbreiten. In der Praxis werden diejenigen Themen identifiziert, die für ein Unternehmen relevant sind – weil sie mit ihrem Handeln jene Themen berühren oder mit diesen in Verbindung gebracht werden können. Eine saubere Themen-Identifizierung bildet die Grundlage dafür, dass die Unternehmensposition zielgerichtet in die öffentliche Diskussion integriert wird.

Typografie

Typografie ist ein Begriff aus der Grafik. Die typografische Form beinhaltet die Gestaltung des Textes. Der Typograf nutzt dazu Schriftbild, Schriftschnitt, Schriftgrößen, Zeilenabstand u. a.

Umfeldanalyse

Die Umfeldanalyse bewertet die Aktivitäten eines Unternehmens im Vergleich mit dessen Wettbewerbern. Kriterien sind beispielsweise Marktposition, Produktpalette, Absatzzahlen, Markenauftritte, Image etc.

Umweltkommunikation → siehe Environmental Relations

Unique Visitor

Mit Unique Visitor bezeichnet man einen einzelnen identifizierten Besucher einer Website. Dieser wird erfasst, indem beliebig viele Kontakte (Page Impressions) oder Zugriffe (Hits) des gleichen Rechners innerhalb eines festgelegten Zeitraumes als Einheit gesehen werden. Mit der Maßzahl Unique Visitor lässt sich die Anzahl der Nutzer einer Webseite genau erfassen. Entscheidend für die Genauigkeit der Daten ist die Länge des zu Grunde liegenden Zeitraumes.

Unternehmenskommunikation → siehe Corporate Communications

Unternehmenskultur

Unternehmenskultur gehört zur Corporate Identity, die das gesamte Wesen einer Institution meint. Die Unternehmenskultur vermittelt sich z. B. über Philosophie, Hierarchien/Strukturen, Traditionen/Rituale oder den Umgangston.

Vernetzte Kommunikation → siehe Integrierte Kommunikation

Verteiler

Qualifizierte Adressliste, die als Grundlage für die Kontaktarbeit genutzt wird. Qualitätskriterien von Verteilern sind die gute und sinnfällige Selektion der Adressen im Sinne der konzeptionell festgelegten Zielsetzung und Zielgruppen, die Aktualität der Datensätze sowie die durch laufende Pflege protokollierten Kontaktdaten (Notizen über Gespräche und Ergebnisse).

Verweildauer

Die Verweildauer ist die Zeitspanne, die ein Nutzer auf einer bestimmten Website verbringt. Dabei wird die Zeit zwischen dem ersten und letzten Zugriff auf die Seite gemessen. Die Verweildauer gibt Auskunft darüber, wie intensiv die Besucher das Angebot der Website nutzen.

Visits

Ein Visit (engl. Besuch) bezeichnet einen zusammenhängenden Nutzungsvorgang einer Website durch einen einzelnen Benutzer. Als Nutzungsvorgang zählt dabei ein technisch erfolgreicher Seitenzugriff des Internet-Browsers auf das aktuelle Angebot, wenn er von außerhalb des Angebotes erfolgt. Der Visit definiert den Werbeträgerkontakt und ist damit das wichtigste Maß für die Reichweite eines Online-Werbeträgers. Ein Maß für die Rentabilität der Besuche sind die Costs per Click.

Wahlkampf

Wahlkampf ist in der Demokratie ein öffentliches Ereignis. Man kann sagen, die Tatsache des Wahlkampfes konstituiert erst die Öffentlichkeit der selbstverantwortlichen Individuen, in der auch andere Fragen verhandelt werden. Die einzelnen Akteure des Wahlkampfes agieren in einer strategisch aufgelegten Kampagne, die von Themen getragen wird und so flexibel ist, dass sie aktuelle politische Ereignisse und Entwicklungen unmittelbar aufnehmen kann. Die kommunikativen Mechanismen des Wahlkampfes kann man auf Marketing und Unternehmenskommunikation übertragen.

Web Promotion

Unter dem Begriff Web Promotion sind alle Online-Maßnahmen zusammengefasst, die darauf abzielen, das eigene Angebot bekannter zu machen, um mehr Besucher auf die Seite zu holen. Dies sind z. B. Submission- und Rankingaktivitäten, klassische Bannerwerbung, Zusatzangebote (eigener Newsletter, Freemail, Diskussionsforen), PR via Mailinglisten und Newsgroups oder die Teilnahme an Webzirkeln.

Werbekampagne → siehe Kampagne

Werbung
Werbung verkauft, indem sie dem Konsumenten, Interessenten die Erfüllung seiner Wünsche verspricht. Dafür muss Werbung etwas behaupten, etwas für das Produkt, die Dienstleistung oder das Unternehmen im wahrsten Sinne des Wortes reklamieren. Sie muss nicht zwangsläufig auch den Beweis für diese Behauptung antreten. Gute Werbung fasst den Konsumenten aber nicht als isoliertes Individuum auf, sondern versteht, das er ein öffentliches Wesen ist, dessen Meinung und Kaufverhalten auch anderen Einflüssen unterworfen ist. Gute Werbung versteht sich daher als öffentliche Kommunikation. Warum? Weil sie dann besser verkaufen kann!

Wettbewerbspräsentation → siehe Pitch

Wissen
Wissen ist die bewusste Kenntnis über die Umwelt. Es gibt zwei Formen gespeicherten Wissens: das deklaratorische Wissen über Gegenstände und ihre Beziehungen untereinander sowie über Situationen und das prozessuale Wissen, das sich auf die gedanklichen Vorgänge bei der Bildung, Verknüpfung und Anwendung des Wissens bezieht.

Ziele → siehe Kapitel 4

Zielgruppen → siehe Kapitel 5

Zielgruppenaffinität
Eine Person, ein Produkt/Unternehmen oder eine Organisation können eine besondere Affinität, also „Wesensverwandtschaft“ mit einer bestimmten Zielgruppe haben. Je klarer eine Zielgruppe definiert ist, umso deutlicher lässt sich auch die Affinität – etwa eines Produktes – mit dieser Zielgruppe ausmachen.

Zielgruppenanalyse → siehe Zielgruppenbestimmung

Zielgruppenbestimmung

Zielgruppenbestimmung oder -analyse ist ein Mittel zur Bestimmung und Interpretation einer Zielgruppe. Die Identifikation von Zielgruppen ist wichtig für die gesamte Arbeit in und mit Öffentlichkeiten, um die unterschiedlichen Informationsinteressen zu kennen und in die Maßnahmenplanung zu integrieren. Damit Zielgruppen direkt angesprochen werden und die Information vermittelt werden kann, sollten Zielgruppen mittels einer Analyse möglichst scharf differenziert und beschrieben werden.

12 Adressen der Verbände

Für weitere Fragen rund um Kommunikation, PR, Werbung, Öffentlichkeitsarbeit stehen auch die Berufs- und Agenturenverbände zur Verfügung. Hier die wichtigsten Adressen:

DPRG Deutsche Public Relations Gesellschaft e. V.
– Geschäftsstelle –
Königswinterer Straße 552, 53227 Bonn
Tel. (02 28) 44 45 00
www.dprg.de

GPRA Gesellschaft PR-Agenturen e. V.
– Geschäftsstelle –
Schillerstraße 6, 60313 Frankfurt am Main
Tel. (0 69) 2 07-28
www.gpra.de

BDW Deutscher Kommunikationsverband e. V.
– Geschäftsstelle –
Adenauerallee 118, 53133 Bonn
Tel. (02 28) 9 49 13-0
www.kommunikationsverband.de

GWA Gesamtverband Werbeagenturen e. V.
– Geschäftsstelle –
Friedensstraße 11, 60311 Frankfurt am Main
Tel. (0 69) 25 60 08-11
www.gwa.de

13 Die Autorinnen

Renée Fissenewert,
M. A., Jahrgang 1965, studierte an der Philipps-Universität Marburg Kunstgeschichte, Medienwissenschaften und Italienisch. Von 1991 bis 1993 war sie Assistentin der Geschäftsführung bei der AFK Akademie Führung und Kommunikation in Frankfurt am Main, einem der führenden PR-Ausbildungsinstitute in Deutschland. 1993 bis 1995 war sie freiberuflich als Autorin und Beraterin tätig, und hat in dieser Zeit das Fachbuch „Wie Profis PR-Konzeptionen entwickeln" zusammen mit Klaus Dörrbecker herausgebracht. Seit 1995 ist Renée Fissenewert bei Ahrens & Behrent Agentur für Kommunikation in Frankfurt am Main als Seniorberaterin beschäftigt. Sie ist außerdem für die Personalentwicklung der Agentur zuständig.

Stephanie Schmidt,
M. A., Jahrgang 1967, studierte an der Johann-Wolfgang-von-Goethe-Universität, Frankfurt am Main, Kunst, Theaterwissenschaften, Germanistik und Philosophie. Sie begann ihre PR-Laufbahn in der Abteilung Öffentlichkeitsarbeit am Schauspiel Frankfurt sowie bei Leipziger & Partner in Frankfurt am Main. Von 1993 bis 2001 war sie Beraterin bei Ahrens & Behrent Agentur für Kommunikation, zuletzt im Leitungsteam des Berliner Büros. Heute ist sie freie Beraterin in Berlin und Trainerin für Konzeption.